愛情白皮書

戀愛達人的追愛祕密

這該死的愛情，為什麼總是讓人又傷，又痛，又喜，又樂。

茱麗葉◎編著

前世的一千次回眸，才換來今生的一次擦肩而過；
前世的一千次擦肩而過，才換來今生的一次相識；
前生的一千次相識，才換來今生的一次相知。

有人曾計算過愛情的機率，世界上有六十億人口，其中有兩萬個異性適合做你的伴侶。
所以，單身又渴望愛情的人們，為什麼還要一味地守株待兔，出去尋找，
尋找你那三十萬分之一的機會，尋找到你的另一半。

因為寂寞而愛錯人，可能會寂寞一輩子。

一切美好的和醜陋的、善良的和惡毒的，
妳都敢在對方面前不加掩飾、真實地表露，
那麼，這樣的男人才是妳值得一輩子去愛的人。

永續圖書線上購物網　讀品文化事業有限公司

WWW.foreverbooks.com.tw　yungjiuh@ms45.hinet.net

全方位學習系列 40

愛情白皮書：戀愛達人的追愛祕密

編　　著　茱麗葉
出 版 者　讀品文化事業有限公司
執行編輯　林美娟
美術編輯　林于婷

社　　址　22103　新北市汐止區大同路三段 194 號 9 樓之 1
TEL／(02)86473663
FAX／(02)86473660
總 經 銷　永續圖書有限公司
劃撥帳號　18669219
地　　址　22103　新北市汐止區大同路三段 194 號 9 樓之 1
TEL／(02)86473663
FAX／(02)86473660
出 版 日　2012年10月

法律顧問　方圓法律事務所　涂成樞律師
CVS代理　美璟文化有限公司
TEL／(02)27239968
FAX／(02)27239668

國家圖書館出版品預行編目資料

愛情白皮書：戀愛達人的追愛祕密 / 茱麗葉編著.
-- 初版. -- 新北市 : 讀品文化, 民101.10
面 ;　公分. -- (全方位學習系列 ; 40)
ISBN 978-986-6070-56-3(平裝)
1.戀愛 2.兩性關係
544.37　101015913

前言

什麼樣的男人值得期待？

問到女人應該找個什麼樣的男人做自己的終身伴侶，回答可謂眾說紛紜。

問一個沒有什麼戀愛經驗的女人，什麼樣的伴侶才能共度此生，妳會發現，她們可以開出各式各樣的條件，比如：溫柔、體貼、有責任感、孝順、有錢、有男子氣概，或沒有不良嗜好，可以養家糊口，學歷高，有的還希望要有很好的職業……

談過戀愛或是踏入婚姻的人就會知道，這些條件再好，一對佳偶還是可能在年久失修後變成一對怨偶。當時愛得死去活來，過不了幾年，可能就恨得咬牙切齒。

溫柔體貼可能只是一時的假象。有責任感的人可能要求妳更有責任感，他總會覺得他所負的責任比妳的責任沉重而且重要得多。有男子氣概的人，可能生性暴躁，或者兇殘。嫁給有錢人固然好，但妳可能會捲入一個大家族的恩怨糾紛……

由此可以看出，以上都不是理想伴侶的真正條件，那麼，什麼樣的男人才更值得期待和考量呢？

懂得尊重女人的男人。

一個女人，找到一個尊重她的男人，那麼不管在何時何地，他懂得考慮妳的權益，以妳的幸福爲前提，他才能給妳安全感，他才不會借愛情和婚姻之名，行剝削和迫害之實。會尊重，才懂得信任。

沒有了尊重，一切的理想條件，都只是壁畫、雕飾、泥土、磚塊、水管，如果缺乏支撐屋頂的梁木，愛情便脆弱得不堪一擊，更別提遮風擋雨了。若妳真的想要試驗他對妳的愛，老實說，問他愛不愛妳，不如問他有關生男生女的問題，這樣更能夠瞭解他是不是妳的理想對象，妳在不在他眼裡，他會不會尊重妳。

事業和家庭輕重擺得好的男人。

男人絕對不能沒有事業心，但如果他的事業心太重，他用在家庭和妳身上的心思就會很少。妳要他陪妳逛街，他說沒意思；妳要他陪妳看電影，他說沒時間。他事業取得了成功，妳也跟著風光，但那是別人看到的，別人看不到的是漫漫時光裡妳的寂寞。太醉心於事業的男人，大多有指揮他人（包括女人）的欲望。和太

有事業心的男人相處，最大的傷害是精神方面。另外，有事業心的男人大多因爲過度勞累，身體既處於綜合素質發展的巔峰狀態，也面臨最不穩定、最脆弱的狀態，心腦血管等疾病正在一旁虎視眈眈，稍有機會就乘虛而入。

和妳人生觀一致的男人。

人生觀也是婚姻中重要的因素。假如妳是一個一心想出人頭地的人，爲了事業的成功可以犧牲時間、精力，甚至犧牲友情、善良和正義。如果妳的丈夫和妳一樣，抱著爲了成功可以不擇手段的想法，那麼妳們就會像一對「陰謀搭檔」，一天到晚都可以活得「鬼鬼祟祟、天昏地暗並且驚心動魄、險象環生」。

如果妳生來淡泊人世，只想有三兩知己、一本好書，那妳也得找一個和妳持同樣人生哲學、可以欣賞妳的人共度一生。

能使妳在他面前表現真實自我的男人。

理想愛人的一個要素就是，妳能在對方面前牙不刷，臉不洗；妳還能把腳蹺在桌上；妳能放聲大哭；妳

能大放厥詞，說希望那個老找妳麻煩的上司生場大病，妳好取而代之……

能與自己過一生的人，可遇而不可求，不是只要有了時間的累積就可以做到的。有的人，初一見面就覺熟悉，比如賈寶玉初見林妹妹，當然這是最高境界，我輩凡人不易達到。但如果交往三五年，仍在對方面前遮遮掩掩，那就比較累了。如今社會競爭激烈，要是在家裡也找不到絕對放鬆的感覺，還不如沒有這個家。

以上這幾種類型的男人，我們在選擇伴侶時，可以多多考慮。他們會讓妳的婚姻生活更加甜蜜美好。

一切美好的和醜陋的、善良的和惡毒的，妳都敢在對方面前不加掩飾、真實地表露，那麼，這樣的男人才是妳值得一輩子去愛的人。

第一章

Condition

012 女人，找個愛妳的人結婚

016 心中有愛的男人值得嫁

021 嫁個「經濟適用男」也不錯

026 嫁人就嫁灰太狼

031 和樂天派的人一起生活幸福感更強

036 找一個能與你分享愛好的伴侶

040 選一個懂幽默的人

043 找一個愛與他聊天的人結婚

047 選一個心胸寬廣的伴侶

053 離過婚的人未必不可選

058 有錢的男人，該不該嫁

062 沒有績優股，就嫁潛力股

066 在事業上給予你幫助的女人不能錯過

070 男人娶這十種女人要慎重

074 愛情隨堂測驗

只有心裡有愛，
才有能力去愛別人。

你的擇偶標準有多高

第二章

Search

080 找準好伴侶，眼光是金

083 聯誼會上也許有你的真愛

086 好的窩邊草，何必要放過

091 擴大你的撒網範圍

096 網路中，是否有真愛

101 相親相親，怎麼相才親

105 宅男宅女去哪尋找自己的愛情

109 好伴侶需要你主動去尋找

114 愛情隨堂測驗

世界並非缺少美，
而是缺少發現美的眼睛。
世上也並非缺乏好伴侶，
往往是缺乏發現好伴侶的眼光。

好伴侶藏在哪

第三章

Learn

118 打開心扉，讓感情升溫
124 用幽默感吸引戀人的注意
128 愛情「苦肉計」，喚醒他對妳的愛
132 適當矜持，但也要主動出擊
136 情話是增進彼此感情的「強心劑」
140 以退為進，減少對方的心理落差
144 展現妳的女人味，吸引男人的心
148 一臉的嬌羞勝過無數情話
151 用美妙的聲音觸動他的靈魂
155 顧盼生輝的眼神，最勾男人心
159 欲擒故縱，吊足他的胃口
163 施展「慢性誘惑」，一次只給一塊糖吃
166 情場勝女如何表達暗戀
170 如何吸引心儀的內向男
174 佔據他的生活重心，讓對方離不開妳
179 「野獸男」如何俘獲美女心
182 愛情隨堂測驗

在適當矜持的情況下，
也得主動出擊才行。

學會如何俘獲戀人心

第四章

Understand

186 知道自己需要什麼樣的婚姻
190 不要為了逃避寂寞而結婚
195 為了結婚而結婚成就不了美滿的婚姻
199 早婚和晚婚，其實只是兩種生活方式
202 剩女是否該降低擇偶標準
206 魚和熊掌不可兼得
210 條件與愛情的合理比例
213 有些錯誤的擇偶觀需要擺脫
217 排除常見的選擇偏見
221 愛情隨堂測驗

千萬別爲了逃避寂寞而結婚，
而應該學會化解寂寞，
一個人生活也可以很精彩。

瞭解自己對婚姻的偏好

Condition

第一章

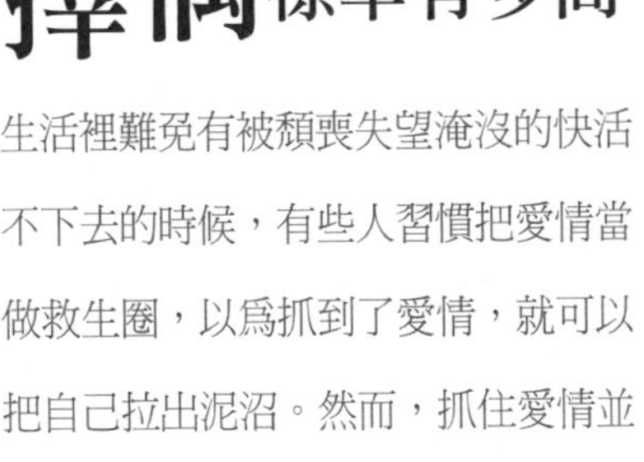

你的擇偶標準有多高

生活裡難免有被頹喪失望淹沒的快活不下去的時候，有些人習慣把愛情當做救生圈，以爲抓到了愛情，就可以把自己拉出泥沼。然而，抓住愛情並不一定會讓生命變好，有時反而會越陷越深。

女人，找個愛妳的人結婚

塵世中，我們常因「愛我的人」和「我愛的人」而困惑，如果有一天，要妳在他們二者之間選擇其一嫁時，妳會嫁給誰？

曉悅嫁給了一個她愛得死去活來的男子，生活得很辛苦。每天曉悅會為丈夫打理好一切，不讓丈夫操心家務和孩子。她總是挖空心思地討丈夫喜歡，買高檔化妝品打扮自己，參加各類才藝培訓班，進行各種健身運動，變化著花樣讓丈夫欣喜。可是，她丈夫心安理得地享受她給予他的一切，卻並不在乎曉悅的感覺，每天都很晚才回來，對曉悅和孩子不聞不問，對於曉悅的賣力付出也從沒有一句讚揚，彷彿曉悅是個沒有感覺、沒有思想的家政伺服器。去年曉悅的丈夫升職了，成了公司的部門經理，這下可好，三天兩頭不回家。曉悅這回一

下子完全崩潰了，每天以淚洗面，生活根本沒辦法打理，想離婚又放不下他，真是苦不堪言。

相反，曉悅大學同學琦威當年選擇了她不愛卻愛她的人，當時曉悅笑她懦弱，可是8年過去了，琦威的老公一如既往地體貼她、呵護她，現在誰見了琦威都說她是個幸福的小女人，而琦威自己也這樣覺得，每天輕輕鬆鬆、春風滿面的，工作也越來越稱心如意。

正如例子裡曉悅和琦威截然不同的遭遇，作爲一個女人，妳愛上的男人，他卻不是那麼的愛妳，即使你們結婚了，他只會享受妳的愛、妳的付出，並不會在乎妳爲他所做的一切。他會認爲妳爲他做再多的事都是應該的，他甚至會認爲他跟妳在一起，就是對妳最大的恩賜。這樣的婚姻怎麼會讓女人幸福呢？

愛應是雙向的，雖然說愛一個人是欣賞對方的優點，也包容他的缺點，完整地接受，而不是要求對方完美的表現。但是，對於一個木頭，對於一塊石頭，對於一個任憑妳用多少熱情、多少柔情也感化不了的人，妳

還能指望他會心疼妳、愛惜妳嗎？妳付出的一切都沒有回報，妳所有的歡樂與痛苦都要一個人默默地承受，試想，這樣的單戀是妳原本想要的嗎？

婚姻和愛情的最大不同點就是，愛情光靠感情就能維持住，而婚姻不僅需要感情，還需要很多實際的東西，比如說經濟基礎，比如社會認同等等。愛情是婚姻的前奏，婚姻是愛情的歸宿，愛情可以慢慢培養，但嫁人就是要嫁對妳好的。

女人嫁給一個愛妳的人是幸福的。在他的面前，妳可以肆無忌憚地撒嬌、扮癡；妳可以任性地做任何妳想做的事；在他面前妳可以盡情地放任自己，妳可以不修邊幅。因爲無論如何，他都會寵著妳、順著妳、遷就妳、包容妳。

而愛一個人就不同了，妳就會傻傻地愛得忘了自己，妳會愛著他的愛，痛著他的痛；妳會因爲他的開心而開心，因爲他的悲傷而悲傷；妳會掛念著他的衣食住行；妳會愛他的全部，包括他的缺點；妳常常會不自信，會擔心自己配不上他，而不斷地改變自己，努力使

自己變成他所喜歡的樣子。這樣的生活太累了，女人的身子本來就嬌嫩，怎能經得起這樣的折騰？

或許有的女性會對此有異議，或者「寧爲玉碎，不爲瓦全」——我們除了歎息還能做什麼呢。每個人對待生活的感受都不一樣，實在太愛就愛吧，只是要明白，如果妳跟一個自己不愛的人生活在一起都那麼困難，一個不愛妳的男人跟妳生活在一起又會好受嗎？

當愛與被愛實在難以調和時，請記住：嫁個他不愛妳，而妳愛他的，謂之下策；嫁個他愛妳，而妳不愛他的，謂之中策；嫁個他愛妳，而妳又愛他的，謂之上策。願妳有足夠的幸運，獲得至死不渝的愛情。

心中有愛的男人值得嫁

佛洛依德的學生，著名的心理學家榮格提出，信念、希望、愛和洞察力是人類能力的四種最高的成就。它們是透過經驗而來的。而經驗是不能被製造出來的，只有慢慢地靠近它們。通往經驗的道路是一種冒險，要求我們全身心地投入。

所以說能夠愛是一種能力，妳必須承擔全部付出而沒有回報的風險，也必須意識到並且接受愛不能帶來現實的利益，還必須瞭解愛甚至是要做出犧牲，給予別人自己所能給予的所有。愛是人類最高級的品質之一，能給人以終極的幸福，也會帶來徹底的痛苦。所以當妳發現一個男人懂得真正的愛，那他一定不會僅僅局限在狹小的視野和人生觀上，他一定是個有大胸懷和大智慧的男人。

其實，愛是潛藏在我們每個人天性裡的本能。人

之初，性本善，說的就是人性之愛就像最純潔的花朵一樣，從我們一出生就綻放在我們和世界溝通的路途上。但是隨著我們慢慢長大，這種人性之愛逐漸被經驗所污染，所抹黑。我們看到了太多因爲善良而被人欺騙，欺負的故事，就害怕再用真心待人。假情和假意試探的時候越多，就越不會讓人相信世界上還有真誠和不求回報的付出。

只有不斷學習和經歷，豐富自己的心智，讓內心獲得強大的力量，在給予真誠情感的同時不畏懼傷害，也不讓別人傷害到自己，這樣才是真正強大的愛。躲在溫室中的單純，並不是很保險的單純。經歷了所有的世間冷暖後，還能夠堅持自己的正直與簡單，那時候的溫暖笑容，才是真正的純真，也是不會改變的。

具體來說，懂得愛的男人有這樣一些特徵：

他們對家人有愛。他們的家庭關係融洽並且和諧，親戚之間不會有鉤心鬥角，也不會有老死不相往來的局面。因爲他們重視血緣和家族情誼，並潛移默化地把這種濃重的家族意識傳播到整個家庭中。他們不僅能夠自

發地去愛，還教導和帶動家庭成員都產生類似的意識，把家族傳統傳承下去。家人有需要的時候，他們會傾盡所有，不論是財力還是精力。一種強烈的家族共榮感籠罩著他們，並且他們會希望妳和他們擁有同樣的共榮意識，並且爲這個家庭作出貢獻。

這樣的男人對生活充滿熱情，在每一天都充滿感恩的情緒。他們善於營造生活情趣，懂得很多的生活小竅門。他們會主動承擔家務，並且把枯燥的家務勞動轉化成充滿樂趣的事情。做飯就是演奏一曲鍋碗瓢盆奏鳴曲，拖地就是拿著拖把的滑步舞蹈，洗衣服的時候可以唱歌。他們常常說笑話，像個小孩子，也常常講道理，像個大家長。他們把每天都過成不斷花樣翻新的情景喜劇，營造著源源不斷的歡樂。

他們對自然萬物有愛。他們會爲春情感動，會爲秋聲哀鳴。他們對待一草一木都有感情，不隨意採折，即使採摘下來也是善待地供著。他們喜歡小動物，善待寵物，即使看到流浪的小貓小狗也會給牠們準備食物，包紮傷口，從不踢打牠們。他們對待自然是如此，對待人

更是如此。他們會細心照顧好自己的家人和伴侶，不願讓自己所愛的人感受到痛苦。他們感同身受的能力是如此之強，以至於不能獨樂樂，非得和所有朋友眾樂樂才感到獲得真正的滿足。

他們非常地自愛。他們懂得沒有人會比自己更愛自己，只有愛自己了，才會有人愛妳。他們服裝整潔，言語得體，舉止優雅，為人正派。他們為自己樹立著優質的形象，希望自己能夠成為榜樣式的人物。他們對待他人溫文儒雅，彬彬有禮，演繹著君子之風的現代篇章。他們懂得君子獨善其身，永遠不會停下自我完善、自我發展的腳步。他們的人生目標就是不斷達到一個又一個新的心靈深度和靈魂的高度，走向心靈發展的新階段。

嫁給有愛的男人，也許年輕時候妳會覺得像是嫁給了一個導師，時時受教育，處處被挑剔，但是隨著時間的流逝，妳慢慢會獲得內心的滿足，有切切實實的成長的感覺。同時，因為心胸的開闊和眼界的拓展，慢慢發現妳所愛的男人還在妳仰望的山頂等待妳上進，在妳身邊輔助妳成功，給予妳溫暖，也給予妳越來越堅定愛的

信念和力量。跟他在一起，生活中彷彿有了一所愛的銀行，會持續不斷地獲得嶄新的愛的原動力。

只有心裡有愛，才有能力去愛別人。具備真正愛的能力的男人不是沽名釣譽的登徒子，不是附庸風雅的等閒之輩，不是打著博愛名號的浪子，不是偽善的騙子，而是真真正正以人格魅力吸引著他人，證明自己存在的博學才子、溫善君子、修為大師和平民中的聖人。

Love

嫁個「經濟適用男」也不錯

「比我老公顧家的沒有我老公有錢，比我老公有錢的沒有我老公顧家。」

當妳的好朋友這樣評價她老公的時候，沒錯，她的老公就是一位「經濟適用男」。經濟適用男，這種男人身高一般、髮型傳統，相貌過目即忘；性格溫和，薪資無償上繳給老婆；不吸煙、不喝酒、不關機、不賭錢、無紅顏知己；月薪30000～50000元，有支付住房頭期款的能力；一般從事教育、IT、機械製造、技術類行業。在未婚女性群體當中人氣較高，她們給「經濟適用男」設定了一個著名的代言人：沙和尚。

「沙和尚」走紅的原因，是因爲他們可以擔當好兒子、好員工、好老公，是名副其實的潛力股。網路上，剩女集團的主力軍——女白領也深度分析了嫁給「經濟適用男」的多個好處，並得出了這樣的結論：嫁給「經

濟適用男」就等於嫁給了好生活，理由如下：

1.「經濟適用男」雖然比「奢侈品男」條件稍微差一些，可是比普通男人要有更多的優勢。此股票儘管眼下收益不多，但可持續看漲，當然値得買。

2.視家庭如生命的「經濟適用男」會將大部分收入都投放在家裡，等於是一台低耗能高產出的印鈔機。

3.「經濟適用男」對老婆忠貞不二。「公司——家庭」兩點一線的生活模式決定了他們沒有機會結識紅顏知己，關係建立在打個招呼就沒什麼話可說的基礎上，因爲這一類型的男人不會花言巧語。

所以說，找到「經濟適用男」，就如同撿到一個寶貝。可是，怎樣才能鎖定這種男人，讓他將目光集中在自己的身上呢？以下五招可供我們參考：

第一招：做一個溫柔天使。

「經濟適用男」通常出生在傳統家庭，他們希望全世界的女人都能像媽媽一樣善良、溫柔、賢慧。所以，一旦他們見到這樣的女人，就會很自然的生出一種「家」的感覺。然後，會不顧一切地把這個女人帶回

家，放任她擔當溫暖家庭裡的女掌門。

第二招：衣著簡單但不失品味。

「女為悅己者容」，很多女人為了改變「經濟適用男」的胃口，用盡辦法想讓自己更加漂亮。她們花很多的錢買時髦的衣服，濃妝豔抹，試圖讓自己看起來絕對夠味、夠靚。可是「經濟適用男」通常都是理工科出身，他們的腦袋沒有太多的色彩，不習慣看到五彩繽紛、設計太過複雜的服飾。

相對之下，他們更喜歡衣著簡單卻又不失品味的著裝，因為這樣會讓人覺得更舒服、更自然。當然，妳也可以化一些淡妝，讓眼睛看起來大一些，有神一點，往往會有著更好的效果。可是，如果過於攻心計，讓自己看起來像個貴婦人似的，「經濟適用男」會因為缺乏親近感而迅速地逃離。

第三招：坦白，不要讓他費心地去猜測。

「經濟適用男」本身的交際很單純，他也絕對不會允許自己的女朋友在外面招蜂引蝶。所以，在跟他分享朋友之間快樂事情的時候，一定要說明朋友的性別，不

能讓他去猜。這類男人在工作中已經很傷腦筋了，所以生活中的事情，他儘量都會避免複雜。妳只要說明了，那他就會相信。可是如果妳不能坦白，他就會一直猜下去，結果只會讓他感覺到疲憊。

第四招：想要抓住他的心，首先要抓住他的胃。

「經濟適用男」多是從事IT、建築設計行業，他們經常不分晝夜的加班。早飯和午餐已經是草草了事了，如果晚上還讓他吃泡麵，他肯定是要抓狂的。所以，想要抓住他的心，最好能從他的胃開始，每天給他準備一頓豐盛的晚餐，再配上一些飯後甜點，往往就會事半功倍。

第五招：將過去的情感壓入箱底。

不管妳曾經有一段多麼美好的戀情，也要試著把它遺忘。如果妳的前男友是曾經在他眼裡出現過的人，那麼從此之後就不要再提那個人的名字。

其實，從心理角度來說，女性對於「經濟適用男」的戀愛想法，其實是一種理想回歸，是一種心理的成熟和務實。在不放棄理想和浪漫的前提下，更多地去關注生活和實際性的東西，是對戀愛以及婚姻的家庭傾向性的情感描述。

Love

嫁人就嫁灰太狼

隨著動畫片《喜羊羊與灰太狼》的熱播，一首《嫁人就嫁灰太狼》也紅遍大江南北，對於灰太狼這個角色，孩子們看到的更多的是灰太狼的可惡，而女人們看到的，則是灰太狼的可愛。

現代的男人說變心就變心，翻臉比翻書都快，即使家裡有個和他一起打拼天下的老婆，也照樣被小三勾引得暈頭轉向，有時甚至動不動來個家庭暴力，拿老婆當出氣筒。有的這些錯誤倒不見犯，卻是個「衣來伸手，飯來張口」的大爺，不做家務不管孩子，誓將懶惰進行到底。面對這樣的男人，再能忍的女人也會最終「小宇宙爆發」。

但也不能一竿子打翻一船人，世界上的優質男也是有的，只要妳有一雙慧眼，必定能尋得一個優質男，讓他陪伴妳墜入甜蜜的愛之河。像動畫片《喜羊羊與灰太

狼》裡的灰太狼，憑藉其對老婆的百般寵愛行爲，順利榮登優質男榜單，成爲廣大女人心目中理所當然的愛情伴侶。

下面，我們就來看一看，灰太狼是怎樣一步步獲得千萬女人的芳心的。

1. 愛老婆勝過愛自己

只要老婆一聲吩咐「還不趕緊抓羊去」，灰太狼立刻啓動自身的戰鬥能力，竭盡所能地前去抓羊。許多次，灰太狼都成功地抓到了羊，牠完全可以自己先吃掉，可是牠一次都沒有這樣做，總是辛苦地把小羊們送到老婆大人面前，紅燒還是涮羊肉全由老婆說了算。老婆的要求牠從來都不拒絕，即便是想用十隻羊換件虎皮大衣，牠也能眼睛都不眨就答應。

即使灰太狼被老婆打了後，還能說出這樣的話：「老婆，老婆，妳千萬不要生氣，生氣會對皮膚不好的！」在日記中，灰太狼這樣寫道：「或許大家覺得我被老婆打，被老婆罵很可憐吧。可是，我覺得牠是世界上最好的老婆！」

這樣的男人永遠把老婆放在第一位，這可是女人心目中優質男的的先決條件。

2. 聰明能幹有毅力

灰太狼的種種發明創造讓人驚歎不已。女人，如果妳找到這樣一個能力超強的優質男，再也不用爲家庭中的突發狀況擔心，家裡的保險絲斷了，他修；馬桶堵了，他通；水管漏了，他補；椅子腿斷了，他釘。

灰太狼想到的抓羊點子數不勝數，而且許多點子極具創新意識。牠也憑藉這些點子多次抓到小肥羊，儘管最後因爲劇情需要，小羊總能順利逃脫，再惡整灰太狼一番。但每次失敗後，灰太狼都不言放棄，大喊：「我一定會回來的！」

找一個這樣聰明能幹又有毅力的男人，也就找到了甜蜜的愛情和幸福的生活。

3. 熱愛勞動

雖然灰太狼每天都出去抓羊給老婆吃很辛苦，但牠仍然堅持做家務，洗衣服、收拾房間，什麼活都不用老婆插手，多熱愛勞動啊，嫁給這樣的男人，女人就不用

擔心很快變黃臉婆了。

4. 善於烹飪

沒有羊的時候，灰太狼怕餓著老婆，親自下廚爲老婆大人做飯，不僅毫無怨言，還知道變著花樣烹飪，滿足老婆美容的要求。一個善於烹飪的男人可以把女人滋補得像花一樣，這是當代優質男必備的技能之一。

和優質男灰太狼相較之下，紅太狼則是一個集所有潑婦的特質於一身大成者，牠每天穿著紅色的皮草，塗著紫色的眼影，打扮得像個貴婦，卻總提著平底鍋對著灰太狼拳打腳踢。她在家過著幾乎是少奶奶一樣的生活，煮飯、洗盤子、打掃洗衣全是灰太狼的事，還要丈夫爲牠捏腳搓背。在現實生活中，這樣的女人肯定是男性們的公敵，但在動畫片裡，灰太狼不僅心甘情願地當起了「煮夫」，還對紅太狼照顧有加。正是這樣鮮明的對比，顯出了灰太狼絕佳的優質男氣質，由此魅惑住了千萬女人的芳心，她們都在心裡暗暗發誓：「嫁人就要嫁灰太狼這樣的男人。」

我們如果有幸能遇見這樣的男人，千萬不能錯過！

在當今小三氾濫的年代，灰太狼這種對老婆忠貞不二的精神太值得學習和表揚了。雖然牠偶爾也有抵擋不住小白狐的媚眼給人家獻了殷勤，把抓到的青蛙送給對方的錯誤行為發生，但老婆一聲召喚就會乖乖回家。要知道，優質男的身邊總有無數雙覬覦的眼睛，隨時伺機攻佔他的心。

Love

和樂天派的人一起生活幸福感更強

樂天派的人往往心態積極，懂得看到生活中陽光的一面。沒有人能一生一世一帆風順，也沒有人能得到所有想要的東西。妳就算賺得再多也不會超過比爾·蓋茲，也無論妳位居多高的官位，上面總有人能夠管著你。

可是樂天派的人就會覺得，我賺的錢足夠，我生活得很好，而且不用防盜，不怕人暗算，沒有被人盯梢的困擾，我活得開心；我職位不高，但這是憑藉自己的能力坐到這個位置的，工作範圍在我的能力之內，也不會有太大的工作壓力，不需要頭疼地去思考更多公司運作的問題，反而有時間陪伴自己的家人，我活得開心。

樂天派的人會從成功中獲得快樂，也會從失敗中快速恢復過來。他們會是家庭的靠山，從來都不會輕易倒下。有一個公司有位年輕的總裁，上任後半年就自殺

了。因爲他每日都覺得負擔著太重的責任，而當公司出現經濟危機後，他一面自責，一面如同驚弓之鳥般戰戰兢兢，無計可施，很快就陷入了憂鬱症，最後丟下新婚的妻子憤而自殺。

這就是看上去越優秀的人越容易出現的心理問題。他們的成長歷程都是成功的足跡，而少有挫折教育，所以當成功到來的時候，他們會不滿足，會擔心這種榮耀失去，因此不能獲得快樂。而當挫折到來的時候，對他們也會是致命的打擊。因爲他們從來都沒有學習過如何從失敗中爬起來。但是樂天派的人善於給自己做心理建設和情緒調適，他們即使會有偶爾的情緒小感冒，但最終良好的自癒能力會給他們帶來打開新局面的契機。

樂天派的人無論是在生活中，還是在工作中都能跟身邊人維持融洽的關係，消除緊張情緒，創造輕鬆愉快的氣氛。所以他們的鄰里關係和同事關係都比較和諧，不會惹上一些雞毛蒜皮的爭吵，也不會每天帶著怨氣回家。而每當面臨選擇的時候，絕大多數的人也會願意同樂天的人站在一起，支持他們，肯定他們。

由此可見，在現實的生活面前，健康的心態絕對要比絕頂的聰明、顯赫的背景、突出的成就都來得重要得多。但是在面對樂天派的人的時候也要注意：他保持積極樂觀心態的原因是什麼：是總結失敗的原因，把自己從陰霾中拯救出來，還是因爲他總是否定失敗的一面，不肯面對自己的短處？前者才是真正健康的心態。但如果是後者的話，那麼就不是真正的樂天派，而是羞於面對失敗的懦夫行徑。

公司裡的人都很喜歡和健明一起值夜班。因為他肚子裡總是藏著很多笑話，很多八卦。跟他聊上一夜你都不會厭煩，也不會想睡覺。大家都把健明當做開心果。可是健明的妻子卻對他有許多的抱怨，老說他一天到晚嬉皮笑臉，從來沒有個正經的時候。

一次半夜家裡來了小偷，夫妻兩人都醒了，妻子讓健明嚇嚇小偷，他卻躲在被窩裡發抖。反而是妻子大聲咳嗽，裝作要找藥的樣子開燈下床，弄出許多動靜，才嚇跑了躲在陽臺上的小偷。天亮之後，健明又是當做

玩笑一樣，把昨天的事情講給鄰居聽，卻隻字不提自己的害怕和退縮。妻子這下可真的生氣了，她指著健明說：「你別只耍嘴皮子，要能有點用，才是真正的大男人。」

例子裡的健明就不能算是真正的樂天派，面對自己的害怕和退縮，他沒有總結自己的過錯，而只會拿事件來開玩笑而已。

一個人心態是否健康，需要反覆的事實檢驗，不要過於輕信，但也不要過於苛求。任何人都有患上一點小感冒的可能，重要的是他是否有充分的自癒能力。而在他心情不好的時候，妳是否能夠盡到一個妻子的責任，陪伴著他，關心著他，重新爲他輸入勇於面對生活的能量？如果妳做到了，那麼你們的家庭會像加上雙重保險那樣，更加安全，更加放心和愉快。

要檢驗對方是一個總能保持良好心態的人還是一個比較幸運的人，應該從他生活的各方面去檢驗。有的人總是陽光燦爛，笑容滿面，很可能是因爲他的生活本來

就沒有多少煩惱。

如果認識一個樂天積極的人，妳一定會是最幸福、最快樂的。因為即使大雨滂沱，他也會在第一時間把彩虹指給妳看。

Love

找一個能與你分享愛好的伴侶

據專家們說：與愛人共同分享一件東西，不管是一杯飲料或是一個奇思妙想，都可以使雙方倍感親密，而能分享所愛的人的特殊嗜好，更是獲得甜蜜愛情一種很重要的舉動！佐德豪斯曾經對幾百對幸福婚姻者做過研究，他發現，夫唱婦隨是這些婚姻成功的關鍵因素。

夫唱婦隨的基本因素是什麼？共同的朋友圈子、共同的興趣愛好和共同的人生理想，正是這些共同的東西能夠把夫妻雙方親密地結合在一起。

現在，讓我們來看一個生活中實際的例子。

亞瑟·摩雷和他的妻子卡絲琳是一對著名的夫婦。他們很可能是有史以來教會最多學生跳舞的老師。摩雷夫婦結婚28年來，他們一直在一起從事舞蹈培訓工作。

有人問卡絲琳·摩雷，「像你們這樣天天在一起工

作，如何才能避免陷入單調重複的生活方式呢？難道你們不覺得，要把你們的事業與私人生活分開，是一件十分困難的事情嗎？」

「一點也不難！」摩雷夫人說，「只要我花一點小心思就行了。我總是想辦法把自己裝扮得嫵媚動人。因為雖然我不在乎別人會怎麼看我，但我十分在意我丈夫的感覺，由於我們天天在一起，也由於我們的職業原因，我會比其他女人更在乎自我形象的完善。更為重要的是，我們能夠共同分享許多愛好，只要我們一有機會，我們就會一起去享受這些活動的樂趣！上個禮拜，我們就利用假期到南部做了一次旅行，共用我們旅遊的興趣，我們在不同的基礎上也能融洽相處，並總是試圖為我們的生活加入一點變化和情趣。」

正如上述例子裡所闡述的，如果整天只有工作而沒有娛樂，的確會使婚姻生活變得枯燥無味。如果能找一個與你分享愛好的伴侶，不僅能豐富生活，還可以促成想要的「夫唱婦隨」的願望呢！

克麗奧佩脫拉，這位尼羅河古埃及豔后，從沒有學過什麼心理學，但是她卻精通不少支配別人的妙招，特別是對於男人最有效用。雖然克麗奧佩脫拉的美麗並不異常突出，但是她能和別人分享快樂和特殊嗜好的能力，卻使得她所向無敵。

克麗奧佩脫拉通曉所有附庸國的方言，雖然她的祖先也很精明，但從沒有人像她那樣不怕麻煩地學會這些方言。當這些附庸國的使節前來朝貢的時候，克麗奧佩脫拉根本不需要翻譯人員，她用他們的方言和他們親切地談話。這樣她很快便贏得了他們的好感和熱心支持。

由於羅馬帝國的國王安東尼很喜歡釣魚，於是，喜愛奢侈豪華的克麗奧佩脫拉就不舉辦大型宴會了，她會很耐心地陪安東尼一起去釣魚。有一次，安東尼花了好幾個鐘頭都沒有釣到一條魚，她就叫個奴隸潛到水底，把一條大魚掛在安東尼的魚鉤上。有時候，克麗奧佩脫拉為了博取安東尼的歡心甚至願意化妝成奴隸，於是，這一對貴族愛侶就可以放心地跑到亞歷山大城內的貧民區和低級賭場去狂歡作樂一番。無論如何，只要是安東

尼喜歡做的事情，克麗奧佩脫拉也都樂意去做。

與例子裡的克麗奧佩脫拉相比，現實生活之中有多少人願意穿上難看的長筒靴和粗布衣，不怕淋濕、骯髒和寒冷，滿懷喜悅地陪伴自己的另一半去釣魚呢？不懂得分享對方的嗜好，那麼妳的婚姻也不會特別甜蜜。

如果妻子學會從丈夫的休閒娛樂中得到樂趣，還用擔心被丈夫拋在一邊嗎？丈夫還會留下妻子單獨一個人到別的地方去玩樂嗎？除非他是一個無可救藥的自私自利者，要不然，就是因為沒有用心地負起自己的責任，來把你們的家庭變成一個可供休閒、消遣的快樂天地！

因此我們一定要找一個能與妳分享愛好的伴侶，這樣你們才有共同語言，也會讓妳的婚姻更甜蜜。

「在成功的婚姻生活裡，」史坦梅茲在《臨床心理學》雜誌中寫道，「能迎合對方的興趣和愛好，可能比共同的興趣和愛好更加重要。」

Love

選一個懂幽默的人

伴侶可以沒有錢，可以不英俊或不漂亮，但一定不可以不幽默。不懂幽默就不懂生活的真諦，沒有樂趣就沒有生活的追求。

幽默是一種心靈的狀態，一種思想的智慧，一種文化的品味，一種人生的調味，一種應對人生的方法，更是一種可愛的人生觀。

不懂幽默如同辛苦的人生沒有小憩，困乏疲倦後沒有補給。不僅自己疲憊不堪，連別人也跟著受罪。無法全方位地卸載掉來自生活的壓力。這種壓力，扼殺了冷靜抽身的能力和客觀自覺的底蘊。正如雜談所說，娛人娛己本身就是一種幽默，放鬆自己也是放鬆別人，只有這樣的放鬆，才會感受到人生的樂趣。

不懂幽默人生也會失去光彩。智慧無法發揮，才華不能表現，思想不夠深刻，語言不夠生動，氣氛不夠

活潑。因爲幽默是智慧的代名詞，所以幽默不僅把我們帶到了想像的世界，而且使我們獲得了一種對人生哲理的深刻認識。因爲真正的幽默可以是不動聲色地娓娓道來，縱使聽眾已經笑得前仰後合，自己仍不動聲色。讓人從善意、委婉的笑聲中，得到了同情和慰藉，受到了尊重和原諒，在言外之意中啓迪思想，開闊胸襟。

我們都知道，人生有許多無奈、愁苦與悲傷，在生活中，不可能什麼都盡如人意。但是，幽默卻是雨過天晴、迎向陽光的人生態度。一個缺乏幽默感的人，就沒有樂觀豁然、談笑風生的性格，就不能笑看天下古今愁，了卻人間許多事。而這笑看天下古今愁和了卻人間許多事的最佳方式就是幽默。

人不可以沒有幽默感。幽默是一種力量。就像穿上了堅硬的盔甲，護住了軟弱之處。就像一個人已經站在陡峭的岸邊，隨時有可能被推到河裡，乾脆縱身一躍跳到水中，順勢痛痛快快游它一番！

幽默是一種高度的文明。人類本性既滑稽又莊嚴，生活既荒誕又沉重。幽默採取的「理性倒錯」手法，以

溫和含蓄的態度，博大寬厚的胸懷，創造出一種充滿情趣、耐人尋味的奇妙意境，在會心的微笑中，美對醜的優勢盡數表達。幽默使你能夠合理地、友善地發洩你的「敵意」，使你的責備就像裹了糖衣的藥片，既對病人有益，又不難吃。也免得「胸中小不平，可以酒消之；世間大不平，非劍不能消也」了。

有人將幽默感分爲三個層次：第一層次指那些只對自己的幽默語言或行爲感到好笑並能作趣味思想的人；第二層次是只對別人的幽默語言和行爲感到好笑並能作趣味思想的人；第三層次是兼備前二者並能自我開釋、輕鬆自嘲的人。達到這一層次的人，往往是智慧較高之人，這種人具有更好地應付生活，處理複雜局面的能力。科學家、政治家、文學家中就不乏善於幽默的人。幽默是生活中的精神味素，所以我們一定要挑選一個懂幽默的人共度餘生。

幽默產生於智慧。幽默感是一個人心智成熟的表現。只有較透徹地理解生活，參透人心的人，才能創造出幽默。

找一個愛與他聊天的人結婚

小朱問王志文：「40歲了，怎麼還沒結婚？」

王志文笑著說：「沒找到合適的。」

「想找一個什麼樣的呢？」

王志文沉思片刻，說：「就想找一個隨時隨地能和她聊天的人。」

小朱笑了：「這還不容易？」

王志文連連搖頭，認真地說：「不容易，不容易。比如你半夜裡想到什麼，你叫她，她就會說，幾點啦？多睏啊，明天再說吧。你立刻就沒興趣了。有些話，在有些時候，對有些人，你想一想，就不想說了。找到一個你想跟她說，能跟她說的人，不容易啊。」

兩年後，王志文結婚了。婚期定在愚人節，4月1日，一個很奇怪的節日。志偉等好友接到邀請還以為他是在開玩笑呢。但是他很認真地說，4代表死心，1代表

一個人。意思是「過了今天後，所有的女性朋友就可以死心了，因為王志文的心只屬於一個人了。她就是陳怡嘉（現在的名字是陳堅紅）」。

這個執著的實力派演員，終於在42歲的不惑之年，找到了願意執子之手，與子偕老的人。看著他一邊喜上眉梢的感謝岳母「給了我世上最好的女人」，一面向眾好友感慨：「一個人只有結婚後才明白婚姻的幸福。」

他演過不少的電視劇，對於愛情，對於婚姻，應該有著更深的感悟。戲如人生，人生如戲，演繹別人的人生，在虛擬中經歷了多種的人生，自然也就能透析靈魂的本質——孤獨。說實話，王志文還是有那麼一點霸道，三更半夜自己睡不著，把人推醒不說，還要求別人立刻趕走睡意，陪他聊到天明。但有的時候，霸道是因爲任性。而任性，是因爲孤獨，它是孤獨的一種釋放。

一顆平庸的靈魂，並無值得別人理解的內涵，因而也不會感受到真正的孤獨。孤獨是一顆值得理解的心靈尋求理解而不可得，它是悲劇性的。無論戴多少的面

具，亦無法掩飾內心的孤獨。孤獨是把他人接納到自我之中的欲望，它尋求的是理解，尋求的是交流。它需要一個出口。

才賦和事業只能決定一個人是否優秀，不能決定他是否幸福。無論是誰，真正的幸福都是很平凡很實在的。即使是高高在上的王，也是一樣的怕孤獨。即使擁有六宮粉黛，康熙最愛的也只有容妃，最愛說的話僅僅是：「朕想和妳說說話。」然後，把一些國事家事傾訴一番。到後來，當他不得已廢了容妃之後，每每鬱悶的時候，也總喜歡走在容妃的宮前。人去宮空，作爲千古大帝，卻連一個說話的人也沒有了。

再高不可攀的人，對愛人的要求也是十分的簡單——能夠說說話而已。即使我們做的事業再偉大，再轟轟烈烈，也不過是一個凡人，一個有七情六欲的普通人。需要有一個貼心貼肺、知冷知熱、能深刻理解我們的思想與情感的人在身邊，跟我們交流、溝通。這樣，才不至於太孤單、寂寞。

有人說，不要因爲孤獨去戀愛結婚。可是，孤獨

是人類的宿命。如果沒有孤獨，又怎麼會自覺靠近？所以，過來人都會勸年輕人，找一個你愛與他聊天的人結婚，說當我們年齡大了以後，就會發現喜歡聊天是一個人最大的優點。

結婚就是人生的第二次投胎，找到一位能交流、能聊天的知心愛人就是投對了二次胎。

所謂「夫妻本是同林鳥，大難來時各自飛」，也只是在舊時代沒有心靈融合的婚姻的負面表現。真正的愛人，是可以為之付出生命的。如果在婚姻的漫長歲月中，二人天天相對無語，沒有精神的交流，那將是一件很鬱悶的事情。

Love

選一個心胸寬廣的伴侶

忍一時風平浪靜，退一步海闊天空。忍讓會讓爭吵平息，讓紛擾消散，讓原本緊張的氣氛緩解，讓火藥味濃郁的場合狀態安靜下來，也會在生活中減少很多導致爭吵的可能。婚姻之舟停泊在看似風平浪靜的水面上，但它是脆弱的，就算曾經承載著滿艙的深情與愛戀，面對著人生大大小小的風雨，也會很容易觸礁破碎。而寬容和忍讓就像黏合劑一樣，讓脆弱的感情牢固地結合在一起，足以抵抗冰山的撞擊和風雨的洗禮。

所以說如果結合的兩個人心胸越寬，婚姻會越美滿。因爲結婚就是兩個有棱角的人走到一起，互相磨合，互相適應，直到最後成爲互相契合，心靈默契的夥伴。如果太過於堅持自我，不願意爲對方改變，那麼身上的棱角也只會是永遠無法接受碰撞的。

如果不能做到兩個人同時都爲對方改變，那麼至少

有一方可以更寬容地容忍對方，改變自己，順應著對方的棱角生長，包容對方的小脾氣，小過失，那麼婚姻會像兩人共同撐起的一把傘那樣牢固，堅挺，足以遮風擋雨。

找一個心胸寬廣的伴侶有如下好處：

他比妳成熟，不需要跟妳再爭什麼。在兩人發生爭執的時候，通常是他最先讓步。他懂得如何表達自己，並耐心聽妳說話，如果妳是對的，他能夠馬上承認錯誤，不怕丟面子；如果妳不對，他會耐心和妳講道理，努力說服妳。如果妳執意要堅持自己的意見，他也會樂意哄著妳，逗妳開心，願意原諒妳。他重視交流，有話會好好講，不會動不動就拉下臉來，鬧所謂的冷戰。他更不會爲一點小事就發脾氣，給雙方的情感增加不穩定因素。

他對錢財不吝嗇，不計較。他不會在分手之後把每次吃飯的帳單累積起來寄給妳，讓妳付一半的餐費。他也不會跟妳算計房屋登記誰的名字。他還不會旁敲側擊地計算妳每個月賺多少錢，存了多少的私房錢。他更

不會在跟妳一起和朋友出去玩的時候，要求大家分攤費用。他並非很有錢，揮金如土也面不改色，只是他不吝惜應該花的錢，懂得在適當的時候，替妳在朋友面前維護面子。除此之外，他還會努力工作，讓妳過上不用爲錢操心的生活。

他對妳很放心。他不會對妳的行蹤跟蹤追擊，也不會翻妳的電腦和手機，查聊天記錄或者短訊。他不會對妳身邊的異性朋友評頭論足，一個個攻擊，也不會在妳和異性同事一起加班到深夜的時候打電話查情。他給妳適當的自由，讓妳在擁有愛情的同時也不用放棄友情。他會在妳的朋友圈中成爲口碑最好的「另一半」，同時也帶妳認識他的朋友，而不用擔心自己的朋友太出色而搶走了他的風頭。

這次戀愛是小祺步入社會後的第一段感情。對方是自己的同事，一個已經有了一段社會閱歷的男性。小祺深深覺得，他和自己之前的那些學生男朋友們都不太一樣。最明顯的一點，就是從前談校園戀愛的時候，兩個

人總是黏在一起。如果有一個單獨出去玩，另一個總是隔幾分鐘發個簡訊詢問行蹤，把對方看管得牢牢的。

但是這一次，小祺很少接到對方的短訊，就算一整天沒有見面，對方也只是打一個電話來問候兩句。她開始疑心對方不夠愛自己。一次散步的時候，她就追問對方是不是不太滿意自己，不想和自己長久下去。

男友聽了小祺的追問卻把她緊緊摟在懷裡，告訴她自己很愛她，同時也很信任她。男友說現在兩個人都在事業的上升期，過分黏在一起對兩人的發展都不好。像現在這樣保持合適的距離，反而能夠讓愛情維持一個恰到好處的熱度。

聽了男友的話，小祺感到了被愛的幸福，但更多的，還是為男友所具有的寬容人格魅力所折服。

例子裡的男友不僅對小祺放心，而且從長遠的角度替彼此考慮，難怪小祺會如此愛她的男友的。

他對待周圍的人不貶低不詆毀不妒忌，對別人正確的意見能虛心接受。他有才華，並且自信，不需要從

別人身上找缺點來培養自己的優越感。對於別人提出的意見，他不會懷恨在心，找機會糾眾圍攻提意見者，給他難堪，也不會斷章取義地加以反駁，對對方進行人身攻擊。他會虛心地聽取並誠懇地道謝，不當面給對方臉色，而是在全盤接受後認真思考，擇善而從，有則改之，無則加勉，不斷提高自己。

除了對妳寬容之外，他還會是一個對自己要求嚴格的人，給妳更大片的天空，他會努力讓自己成爲更寬闊的安全網，保護著妳，也管束著妳，不讓妳受傷，也不讓妳離開。他的人緣極好，但是會在百媚千嬌中只愛妳一人，不三心二意，也不把寬容演變成坐視不管。他對婚姻極其重視，害怕爭吵和衝突，害怕太緊張的二人關係會破壞家庭的平衡與協調。在包容妳缺點的同時，他也必定善於發現妳的優點，這樣他會心甘情願，甘之若飴地和妳相伴終身。這樣的人，誰都會相信自己和他結婚，就會幸福。

寬容不是軟弱，不是妥協，更不是對他人的縱容。而是在定下了自己的底線之後，按照分寸守護自己的婚姻幸福。這種寬容是發自一個人內心的力量，是真正強大的象徵。所以與一個心胸寬廣的人結婚，妳會發現其實幸福如此簡單。

Love

離過婚的人未必不可選

初涉愛情的年輕人，一旦愛上離過婚的人，往往會猶豫不決。各方面的阻力都擺在面前：親友的百般阻撓；世俗的壓力；他和前任的曖昧感情，是否有可能複合，她還在他心裡佔有多少分量；有孩子的話，怎麼與他的孩子相處……太多的困惑和壓力會讓年輕人難以取捨。相戀吧，自己也沒有十足的把握會得到幸福；放棄吧，又割捨不了那份感情。到底怎麼辦好？

一句話：離過婚的人未必不可選！

楊西妮的父親早逝，是母親一個人拉拔她長大的。22歲的時候，在一次聚會中，她認識了董華綸。董華綸已經離婚，而且比楊西妮大十歲。他還有一個六歲的孩子，孩子跟著前妻。董華綸不是很會說話，但人實在，能喝點小酒，但不嗜酒。楊西妮慢慢喜歡上了他。更多

的時候，董華綸給楊西妮的感覺，是像父親一樣地關心她，體貼她，寵著她，讓她撒嬌。楊西妮很樂得享受這樣的男友兼父親的溫馨感覺。

知道楊西妮和一個離婚男人談戀愛，楊西妮的母親強烈反對，苦口婆心地勸說楊西妮離婚男人的種種「害處」。反對得多了，楊西妮也猶豫了，她不得不考慮母親所說的種種可能。可是，真讓她分手，她又辦不到。母女倆的衝突，日益激烈。後來楊西妮和母親商量，達成了一個協定。楊西妮把董華綸帶回家來讓母親看看，不是一次，而是幾次，讓母親接觸接觸，再下結論。如果母親還堅決地反對，楊西妮也就決定聽從母親的意見。

楊西妮把董華綸帶到家裡。董華綸沒有刻意裝扮，楊西妮母親一見到他，就感到這個男人比較樸實。在楊西妮的家，他不掩飾自己的能幹，烹飪打掃樣樣都拿得出手。楊西妮母親說什麼，他只是聽著，然後寬厚地對楊西妮一笑。那一笑，讓楊西妮母親突然感到，自己不能給楊西妮的父愛，董華綸能給她，董華綸還能給楊西

妮一個寬厚男人的胸懷來包容她。離過婚的他，比浮躁的小男孩更懂得珍惜她、疼愛她，讓她生活得幸福。母親經過反覆觀察，最終認可了這段感情。

後來楊西妮嫁給了董華綸，果然生活得很幸福，一切如她母親所預料的那樣。董華綸對她知冷知暖，像父親更像戀人。失敗的婚姻，讓他吸取了足夠的經驗來對待新的婚姻。他們之間的摩擦也在董華綸的寬容與大度中比常人少得多。

例子裡的楊西妮雖然嫁給了離過婚的董華綸，但是董華綸對她無比疼愛與珍惜，他們的婚姻生活很是幸福。

離過婚的人，因爲有過一次婚姻，他們會變得更現實，更多考慮到感情之外的東西，比如彼此的性格、經濟問題、家庭背景等。他們再婚的動力往往是基於現實的需要而不是愛情的推動。離過婚的人會因爲長期的獨居生活而性情有些孤僻，就算重新有了對象，也會不自覺地拿新的對象與前任相比，這種心理傾向幾乎難以改

變。有些離過婚的人對孩子的感情也會發生變化，這會成為與離過婚的人一起生活的一個障礙，因孩子而產生的衝突矛盾，完全不可小覷。但離過婚的人就真的如此不可選嗎？未必，因為他們除了缺點，還有更多的因離異而帶來的種種優點，千萬不要一棒子將他們打死。

如果妳愛上了一個離過婚的人，在因為他之前的失敗婚姻而對他個人產生懷疑，猶豫是否要跟他相處的時候，不妨也看看他身上的這些優點：

他們因為婚姻的失敗而更加成熟。沒有什麼比挫折更能使一個人散發出成熟的魅力。在第一次婚姻時，他需要學習，學習如何與另一半相處，學習怎麼盡丈夫或妻子的責任和義務，學習怎樣給另一半撐起一片天，然而，婚姻失敗了，他不得不冷靜下來，反思婚姻中的得失。因為反思而成熟，而避免重蹈覆轍，他因此才從不懂世事的年輕人過渡到成熟的人。

他們更善於解決婚姻中出現的問題。有些人看似堅強，卻很難抵抗住情感的挫折；也許僅僅出於成本考慮，他不想再次離婚，再次使自己變得一無所有。所

以，在第二次婚姻中出現的矛盾和問題，離過婚的人會努力地去解決它；如果不能解決，他會儘量妥協，因爲他不希望再忍受離婚的傷痛了。

他們更會協調家庭中的人際關係。婚姻失敗的人總是讓周圍人同情。特別是在他的父母、親人眼中，他更是需要關愛的對象。

他們大多數事業有成。離婚的人大多人近中年，經歷了多年的打拼，他們之中有很多人正處於事業的上升期。做他的第一任妻子或丈夫需要和他辛苦創業，而做他的後任妻子，則很可能只需要「下山摘桃子」、坐享其成了。

總之，我們在擇偶時，不要把離過婚的人一概排除在外。離過婚的人是否可選，需要年輕人結合自身的實際情況和彼此間的感情來具體把握。

一個人在挫折中，才更懂得親情和愛，才不會那麼驕傲，才會注重和周圍人的情感交流，因為他明白良好的人際關係會保障他在人生的艱難時刻得到眾多的援助之手，而不是一個人孤獨地走過。

有錢的男人，該不該嫁

每一個人在選擇結婚對象的時候都會考慮到對方的經濟狀況。直接一點的人會說「我希望對方的錢越多越好」，也會有些人說「錢不是最重要的」，但至少也要「夠花」。而如今的媒體總愛炒作一些諸如「女博士誠徵千萬資產老闆」，「女大學生要嫁百萬富翁」之類的消息，字裡行間也總帶著批評和鄙夷的態度。

不能否認，有一部分女人想要進豪門富貴之家，是出於對金錢的頂禮膜拜，但是從現實的角度來考慮，嫁個有錢人的確會讓女人少走一些彎路。但是要嫁個什麼樣的有錢人就是件費思量的事情了。

1. 坐享其成的「富二代」不能嫁

「富二代」指的是靠著父母的錢或者家族資產生活的年輕人。一般來說，他們從年少開始就可以坐享其成地享受富裕的生活，缺少了拼搏奮鬥的過程和吃苦的精

神。當家裡的錢財坐吃山空之後，他們並沒有能力去繼承家業或者打拼更好的江山，跟他們在一起，也只能享受過眼雲煙一般的榮華富貴。

2. 有錢的吝嗇鬼不能嫁

《儒林外史》裡頭的嚴監生臨死之前還念念不忘的就是要掐斷兩根燈草中的一根，免得浪費。而著名的老葛朗台在教士爲他做臨終法事的時候，看到教士把鍍金的十字架送到他唇邊給他親吻基督的聖像時，他卻做了一個驚人的姿勢想把十字架抓到手裡。這最後的一下也斷送了他的性命。嫁給這樣的男人，一輩子縱使家財萬貫，也只有吃苦受累的命。

3. 財產來路不明的男人不能嫁

原因顯而易見，如果他不願意跟妳說他的錢是怎麼賺來的，只有兩種原因。要麼就是他的錢不是正道上賺來的，要麼就是他壓根就不信任妳。無論是哪一種情況，應該都不會讓妳想要對他託付終身吧！

所以說男人光有錢也不夠，我們這裡定義的有錢男人應該更細化爲成功男人。他們受過良好的教育，多半

有國外留學的經驗；他們對自己的職業定位明確，規劃嚴整；他們經驗豐富，人脈廣博，消息的來源靈通，對事件的發展判斷準確；他們腦子活，點子多，辦事善用創新性思維和逆向思維，處理問題簡便直接。

成功男人的豐厚資產是以自身的優秀素質作爲資本逐漸累積起來的，所以說在他們身上，有錢只是外在的標籤，他們更寶貴的地方，在於內涵的優質和充實。嫁個成功男人有如下好處：

1.成功男人一般職業穩定，收入豐厚。嫁給這樣的人，生活可以輕鬆地達到較高的水準和等級。

2.成功男人多半知識豐富，見多識廣。他們不會言語乏味，把貧嘴當幽默，把尖酸刻薄當談吐犀利。和朋友在一起的時候，他們會是人群中的焦點，但又不會過分搶風頭而討人厭。他們身上散發出的優雅氣質吸引著身邊的夥伴。

3.成功男人一般注意修飾外表。他們不會出現體味濃重，頭髮油膩，西褲配球鞋等不雅情況。他們對於著裝、飲食、住宅、轎車都有自己的品味和眼光，而這些

絕對不用妳操心，他自己就能搞定自己的生活。

4.嫁給成功男人，可以讓妳省卻很多操勞。妳不用四處奔波籌集房子頭期款；也不用爲每月的房貸捉襟見肘；還不用擔心父母生病時候的醫藥費，孩子想要進私立學校時候的學雜費，家庭想要共同出國旅遊的旅費……總之只要妳有計劃，就可以把構想變成現實。

5.嫁給成功男人，不僅對自己有利，也對下一代有利。就像前面說的，在成功男人身上，比有錢更吸引人的是他們內涵的優質和充實。因此嫁給他們，還可以讓孩子遺傳到優良的基因，從而教育出更出色的下一代，爲這個家庭的傳承提供良好的人才。

因此，聰明女人在選擇人生伴侶的時候，不會把是否有錢當做唯一的標準，但同時，她們也不拒絕在有錢男人當中找到優質男。

女人沒理由不喜歡成功男人，因為成功不僅意味著金錢，更代表一種從容的生活態度，高級的生活品味，儒雅紳士的風度，涵養充沛的氣質，飽讀詩書的修養。

沒有績優股，就嫁潛力股

很多女人都在哀歎：爲什麼A等男人的身邊總是陪著一個D等女人，而A等女人就只能剩著呢？其實，這種現象的發生，並不是說男人的眼光都是差的，而是D等女人懂得婚姻上的投資，在同等水準的情況下，懂得給自己找到一個雖然是D等但同時還是績優股的男人，然後在以後的相處中，耐心地等待這個男人逐漸成長爲A等男人。

婚姻就好像是一種專案投資。好對象大家都關注，成本高，還不一定能搶到手，好男人，一樣很多人關注，還沒有到眼前，就被別人搶跑了，好對象，好男人，下手的沒有最早，只有更早。但是，如果下手早還是找不到，就只好退而求其次。好在對象是可以培養的，時機把握好了、下手準，沒準也是一個賺錢的事業呢。好男人也一樣，並不一定開始的時候就要找一個優

等男人，而是可以選擇一個D等男人，之後培養成A等老公。

張曉蓮的戀情就是一個很好的例子。

在才子佳人的校園愛情模式裡，張曉蓮屬於另類。當其他女孩子沉迷於男友的花前月下之時，張曉蓮已經將深邃的目光投向未來。

師生戀本身平淡無奇，男主角在出場之時亦平淡無奇，但是，才貌出眾的白雪公主與未變成王子的「青蛙」之間的巨大差異，足以讓所有旁觀者大跌眼鏡。當美麗高雅的張曉蓮與資訊工程系一位名不見經傳且其貌不揚的年輕教師並肩攜手漫步校園時，男生扼腕歎息，女生百思不解。當然張曉蓮本人是不會在意這些「閒言閒語」的，在大家嘀嘀咕咕、竊竊私語時，她胸有成竹，坦然自若地在各種含意複雜的目光中穿行。

時間證明了張曉蓮的遠見卓識。10年後，年輕的講師成為財力雄厚的房地產公司掌門人。此時，已經沒有人在乎他的外貌是否英俊、身材是否高大、笑容是否燦

爛。財富和地位造就了一個男人嶄新的形象。

如今他們恩愛和美的生活不知羨煞了多少人，可是機會誰都有，誰叫當初自己缺那麼一點點「慧眼」和「氣量」呢？雖然「贏得了一時」，卻「輸掉了未來」。

結婚就是這樣，選夫如選股。對於大多數準備投資婚姻的女子而言，最佳選擇就是那些有成長空間的潛力股。相比於當年那些牛氣沖天、財大氣粗的績優股而言，這些股票尚在成長之中，價位較低，投入低，但前景可觀。一旦妳下準了注，夫妻同舟共濟，待到潛力股出頭之日，也是妳「夫貴妻榮」之時。

在婚姻投資學裡，最近的是未來，最遠的是現在。要想選對股，關鍵是要著眼未來，著眼於股票未來的走勢和發展方向，不以當下的成敗論英雄，不被表面現象所誘惑。外表、長相、身高之類，純粹是審美意義上的判斷，就像股票的名字，好不好聽無關緊要。至於他現在從事何種職業，居於什麼樣的位置，也僅僅是參考。

重要的是才識、膽量、雄心之類，這些才是衡量一個人、一個潛力股能否在未來的某個時間點一路飆升的重要指標。

其實在婚姻這門學問裡，我們大可不必抱著勢利的態度去擇偶。只選對的，不買「貴」的，本著務實的態度，真心真意戀愛，平平和和生活，日子才會過得更甜美。

Love

在事業上給予你幫助的女人不能錯過

男人都愛夢想有一個持家有方的賢妻，如果身邊的女人不僅持家有道，並且在事業上也能夠傾盡全力的幫助自己，讓自己走向事業和人生的成功，這樣的女人就是男人夢寐以求的了。

中國著名的建築學家林徽因和梁思成夫婦是在情感上相濡以沫、事業上相互扶持的一對。婚後不久梁思成就到東北大學任教，林徽因回福州看望母親。梁思成因是該校建築系第一位系主任，又是所有課程的教師，工作千頭萬緒，忙得不可開交。他寫信讓林徽因儘快趕到東北。林徽因沒有抱怨，在建築系擔任專業英語和建築設計課老師，她認真、敬業，不怕辛苦，為梁思成分擔了不少壓力。

後來，二人同時應徵到「中國營造學社」任職，從

事中國古代建築的研究。林徽因協助他搜集資料、繪圖攝影、研究歷史典籍、製作整理卡片。在林徽因的支持與幫助下，僅用了很短的時間，梁思成的兩部專著就完稿了。林徽因又輔佐梁思成設計了燕京大學女大學生宿舍。並在兩年後陪同梁思成遠赴山西，考察雲岡石窟。

梁思成怎能不感動呢？對這樣一位賢內助，他用自己著作中序言的一段話表達對妻子的尊重與感謝：「內子林徽因在本書中為我分擔的工作，除緒論外，自開始至完稿以後數次的增修刪改，在照片之攝製及選擇，圖版之分配上，最後更精心校讀增減，我實指不出分工區域。所以至少說她便是這書一半的著者才對。」

像林徽因一樣做丈夫的好幫手，妳是他的摯友、老師和嚮導。

回想19世紀末，密西根底特律的電燈公司以月薪11元雇用了一名年輕的技工。他每天工作十小時，回家以後，還常常花費半個晚上在屋後一間舊棚子裡工作，

想要設計出一種新的引擎。他的父親是個農夫，確信他的兒子正在浪費自己的時間。每個人都在取笑他，沒有人認為他笨拙的修補能夠造出什麼東西來。除了他的太太，沒有人相信他了。

當白天的工作做完以後，他的太太就在小棚子裡幫助他研究。冬天，天色很早就暗了，他太太提著煤油燈，使他能夠工作。他太太的牙齒在寒冷中顫抖著；手凍成了紫色。但是她相信他先生的引擎有一天會設計成功，所以她先生稱呼她「信徒」。

在舊磚棚裡艱苦工作三年以後，這個異想天開的稀奇玩意終於成功了。1893年，在這個年輕人30歲生日的前幾天，他的鄰居們都被一連串奇怪的聲音嚇了一大跳。他們跑到窗邊，看到那個大怪人——亨利．福特——和他的太太，正乘坐著一輛沒有馬的馬車，在路上搖晃著前進。一個新工業在那天晚上誕生了——一個將會對這個國家有很深影響的工業。如果亨利．福特是這個「新工業之父」，福特夫人這位「信徒」，就是當之無愧的「新工業之母」了。

五十年以後，福特先生，這位相信靈魂輪迴再生的人，被問到他下一次出生時希望變成什麼。「我不在乎，」福特先生說，「只要能夠和我太太在一起。」他終生都稱他的太太為「信徒」，而且希望永遠和她在一起。

每一個男人都需要一個信徒，一個在環境頑抗的時候，護衛著他的女人。當什麼事情都不對勁的時候、當處境危急的時候、當他失敗的時候，男人需要一個建立起他的抵抗力和信心的太太，正如例子裡的福特先生和他的太太。

在事業上給予你幫助的女人，你在她心中是有價值的，是生命中不可或缺，這樣你也會反過來滿懷深情地呵護著她。在相互的關懷和愛護中，愛情之火會永遠熾烈，婚姻之花會永遠盛開。

Love

男人娶這十種女人要慎重

選擇另一半是人生旅途的一件大事，它的重要之處在於婚姻往往同個人在事業上的抉擇與起步相交疊，對前途的影響格外深遠。在現實生活中，不乏因最初的擇偶失慎而導致事業失敗的例子。因此，每個人都應慎重選擇未來的伴侶。

從男人的角度來說，總結起來，大致有以下十種女人是不能娶的：

把男人當玩物的女人。

她的愛情字典裡沒有「唯一」這兩個字，她懂得利用女人的天賦來讓男人心悅誠服，從不同的男人身上獲取不同的需要，同時卻巧妙地讓每個人都自以爲是她的最愛。除非能抱著大家一起玩的心態，否則小心。

拜金主義的女人。

她不會看上窮光蛋，因爲她的愛情首先建立在物質

的滿足上，她知道花男人的錢比自己辛苦賺錢容易，這是她選定和男人交往的條件。和她交往，總有金山銀山被挖光的一天，那時只有落得人財兩空的局面。

歇斯底里的女人。

她的專長是一哭二鬧三上吊，只要稍稍辜負她，她就會以死作威脅。當發現一個女人充滿神經質，動不動就有發動千軍萬馬之勢，要隨時提防她鬧出失控局面，否則意味著不得安寧的日子從此開始。

翻臉不認人的女人。

不管好的時候多麼好，一旦反目，她則完全變成另一個人，毫不留情地公開你們之間所有的祕密，甚至不惜玉石俱焚。碰到這樣的女人，要有心理準備，分手後她的報復心會炸得你粉身碎骨。

強烈女權主義的女人。

在女權主義至上的女人眼裡，男人根本不算什麼，她開口閉口都是批判男人的不是，別寄望她百依百順，要做牛做馬才能取悅她。除非你有呼之即來、揮之即去的奴性，否則趕快逃之夭夭。

隨時準備打翻醋罈子的女人。

有一種女人的醋勁之大、威力之猛，一般女人望塵莫及。走在路上你的眼睛別想往兩邊看，否則定會招來一陣暴風雨。和任何女性交往都必須經過她同意，不然，她會用醋罈子活活淹死你。

弱不禁風的女人。

她是林黛玉的化身，聽不得重話，做不得粗重事，連出門、回家都要你接送。簡單地說，她跟定你就是要你照顧她，從心理到身體。

水性楊花的女人。

移情別戀不是她的錯，因爲她生來太易動情。她的最大特點是不放棄任何一個戀愛的機會，所有追求她的男士在她看來都別有魅力。面對這樣的女人，你只能有心理準備，她愛上你，也很容易愛上別人。

糊塗至極的女人。

你和她在一起永遠有收拾不完的殘局，她忘東忘西的記性要你在一旁隨時補救。一個糊塗的女人，將會增加你的精神、體力負擔，使你的生活從此不見天日。

強悍的女強人。

有一種女強人，工作上的成就給她絕對的自信，讓她忘了在自己心愛的男人面前溫柔以待。凡事以她爲中心，這是男人無法接受的，除非她工作和生活是截然不同的心態，畢竟可愛的女強人也是存在的。

我們要挑選未來的妻子時，要儘量避開以上這十種女人。娶對了人，會讓的生活更幸福，人生更美好。

擦亮你的眼睛選擇你的另一半，沒有最好只有最合的才是真正適合你的人。

Love

愛情隨堂測驗

Q：妳為什麼交不到男朋友？

妳想交男朋友嗎？一直都交不到男朋友嗎？是否常覺得自己條件還不錯，可是卻乏人問津？妳知道自己容易有怎樣的交友障礙嗎？做個小測驗，也許妳會恍然大悟。

測驗開始：將每一題的分數加起來，再對照最後結果。

1. 妳平常是否喜歡看手機雜誌？

A、有啊，我都會買，超喜歡看(1分)

B、朋友如果有買就借來翻翻(3分)

C、很少吧，平常很少看這種報刊(5分)

2. 請問妳目前有做髮型設計嗎？

A、有啊，我有到專門的設計店去設計過(1分)

B、沒有，頂多只是染染頭髮而已(3分)

C、沒有，整理整齊好看就可以了(5分)

3. 妳平常是否有吃一些小零嘴的習慣？

A、有啊，我嘴巴常常動不停地吃零嘴(1分)

B、不多，不過擔心身材(3分)

C、很少，我不怎麼喜歡吃零嘴(5分)

4. 妳覺得自己是不是一個很愛花錢的女人？

A、是啊，常常禁不住慾望就拚命花(1分)

B、偶爾，有時會忽然抓狂亂花(3分)

C、應該不會，我是喜歡存錢的女人(5分)

5. 學生時代妳是否有打工的經驗？

A、有，我多半是到便利商店較多(1分)

B、沒有(3分)

C、有，我會找家教或補習班(5分)

6. 如果給妳選擇，妳會當故事中的哪個女主角？

A、被王子親吻的白雪公主(1分)

B、麻雀變鳳凰的灰姑娘(3分)

C、被王子拯救的睡美人(5分)

7. 妳房間的佈置通常是怎樣的情況呢？

A、放了不少心愛的東西，亂亂可愛的小窩(1分)

B、比較偏向單一色系的窩(3分)

C、東西不多，看起來清潔整齊(5分)

8. 妳平常運動的時間多嗎？

A、蠻多的，有時會去打打球或是健身房(1分)

B、不多，不過基本上我蠻好動的(3分)

C、不多，我靜態的活動會比較多(5分)

9. 如果妳突然在路上撿到一筆錢，這時候妳會？

A、當然是拿來自己用，可以買很多東西呢(1分)

B、雖然心動，不過可能會把它交給警察吧(3分)

C、不知道該怎麼辦，找親朋好友想辦法(5分)

10. 妳覺得男朋友的年紀最好是？

A、最好比我小，我不太喜歡被人管(1分)

B、最好比我大，因為他們會比較成熟(3分)

C、大小無所謂，只要愛我就可以了(5分)

測驗結果：

10～20分：妳的原因出自於「眼光高」。

妳本身的條件不錯，追求妳的男人也不少，只是妳

卻總是慾求不滿，好還要更好，期待一個條件更好的男人來追求妳。雖然追求者也有人能讓妳心動，只是他們某些缺點也讓妳無法接受。使得妳雖然有異性青睞，卻也只能夜夜獨守空閨。

建議：幸福通常只因為要求不高。誰不希望自己的白馬王子是完美無瑕？只是這樣的要求總有點不切實際。好好用心去經營一段感情，妳會發覺愛情的溫馨和美麗。

21～30分：妳的原因出自於「矜持」。

妳不是沒機會，妳的條件也很好，壞就壞在妳沒事喜歡矜持。女人總是喜歡被捧在手掌心上，總是希望心儀的他可以再多付出一點，總是希望他能通過妳重重考驗。偏偏每個來追求的人總選擇半途而廢，讓愛情的春天遲遲無法降臨到妳身邊。

建議：矜持是女人的專利，但也要顧慮到男方的感受。太過頭可能變成刁難，妳的快樂卻建立在別人的痛苦之上。如果苦戀遲遲沒有進展，他當然會選擇離去。

31～40分：妳的原因出自於「做作」。

妳習慣在異性朋友面前耍酷，總是表現自己冷酷的一面，卻忘了展現自己那顆溫柔敏銳的心。尤其在喜歡的人面前，妳更會讓他誤會妳不喜歡他，甚至討厭他，雖然妳心裡極端不想要這樣的自己，可是妳的所作所爲卻只會讓妳們漸行漸遠。

建議：喜歡一個人就該讓他知道，又要馬兒跑又要馬兒不吃草換來的只是一次又一次的懊悔難過。妳只願意付出五分感情，就別太渴望對方拿出十分來愛妳。

41～50分：妳的原因出自於「自卑」。

妳對自己沒什麼自信，也不太愛打扮自己，給人的感覺總是很乖內向又文靜，也像是躲在角落旁邊的醜小鴨。妳也很少跟異性相處，尤其跟心儀的他每次講話都會緊張甚至有點排斥。導致人家就算真的對妳有感覺，可能也不敢付諸行動。

建議：不要封閉自己的心，也不要錯把友情誤認為愛情。會錯意的結果除了讓自己痛苦，也會讓對方感到困擾。愛情要順其自然，是從平凡中慢慢產生與建立。

Search

第二章

好伴侶藏在哪

世界並非缺少美，而是缺少發現美的眼睛。世上也並非缺乏好伴侶，往往是缺乏發現好伴侶的眼光。

只要你將心門打開，用一顆善於發現的眼睛去搜索，你就會發現，或許能和你共用一生的人就在你身邊。

找準好伴侶，眼光是金

世界並非缺少美，而是缺少發現美的眼睛。世上也並非缺乏好伴侶，往往是缺乏發現好伴侶的眼光。我們，只有看清對方，真正做到慧眼識人，才能找到一個真正的優質伴侶。

我們，當妳看中一位異性時，妳必須首先瞭解他的愛情觀、婚姻觀、道德觀、價值觀、人生觀，在此基礎上，還要瞭解對方的成長背景、受教育程度、性格心態、生活習慣、個人的自身修養和自身素質。如果雙方的結合，是一加一大於或等於二，那麼就是合適的；如果是一加一等於負數，那麼還是做朋友或者放棄的好。

於細微之處，最能見一個人的品格。我們在選擇伴侶的時候，也不妨用用這招，觀察一下他的品格。妳可以從這幾個方面著手：

1.測測他的責任心。責任心是優質伴侶的第一要

素。在妳開始和對方正式交往之前，務必先要弄清他是否是個成熟的、有責任心的人，他是把妳放在他生活中的首要位置，還是只拿妳做個裝飾品，他給予他人的承諾是否都能及時兌現。只要妳細心觀察，妳就能看清他是否有著極強的責任心。

2.調查他的情史。如果有人告訴妳，他是個花心太少或是個感情騙子的傳聞，那妳可要小心查探了。如果他對他的前任們真的是那樣差勁的話，妳別指望他會爲妳而改變什麼的。趁早放手才是明智之舉。

3.見見他的朋友們。常言道：「物以類聚，人以群分。」意氣相投方成朋友。古語說得好：「觀其友知其人。」看看他的死黨們怎麼對待異性。如果他們一個個都是謙謙君子，那麼他也不會錯的。當然，如果他們全是些逢場作戲的高手，妳可就要對他提防了。

4.瞧瞧他的涵養。好的伴侶總是具有良好的涵養，面對生活中的意外狀況，他總能坦然處之。當他在等待時，總能表現出極大的耐心，一臉平心靜氣的樣子。這些生活中的小細節，無不在宣告他擁有良好的涵養。

5.看看他心有多少愛。好的伴侶總是胸襟廣闊，內心充滿了愛。他能竭盡所能、不求回報地幫助自己的朋友，這正是一種愛的表現。

6.觀察他對妳的重視度。對方再好，如果表現出對妳意興闌珊的樣子，那妳就不必再苦苦糾纏這段關係。真正重視妳的人，在他心情不好的時候，他會對妳訴苦，這表示他真的將妳放在心上。真心喜歡妳的人，他會想方法地去聽妳對一些妳感興趣的事情的看法，並對此提出一些他的看法或問題，注重和妳的溝通，尊重妳的意見。

世上就是有那麼一些人，他們善於偽裝，他們能說善道，擅長表演愛情的諸多花招，把自己標榜成「天下第一好人」，以此來騙取異性的心。是狐狸終究會露出尾巴的，我們只需對他們的行爲進行細微的觀察，一雙慧眼就能看出端倪，輕易看穿他們的僞裝，拆穿他們的愛情花招，讓這些愛情騙子落荒而逃。

婚姻是生命中的大事，來不得半點馬虎，因此，我們要十分謹慎，多留一點時間給自己。

聯誼會上也許有你的真愛

每個人有自己固定的生活圈、工作圈。在固定的圈子裡，除了少數的意外，我們結識圈外人的機會並不多，而圈外的視野往往比圈內大得多。如果圈內沒有意中人出現，就要考慮在圈外尋找了。

聯誼會也好，普通聚會也好，能最大限度地擴大我們結識人的範圍。而且，聚會也是容易發生一見鍾情的地方。所謂千里姻緣一線牽，也許，就在不經意的聚會間，愛神把他牽到了妳的面前。

渴望愛情的年輕人如果不主動去尋找機緣，又怎能讓丘比特之箭射中？聯誼會能給年輕人來意想不到的愛情收穫。

李靜因為工作忙，業餘時間還忙著學習、「充電」，一直沒有機會接觸到合適的男孩。也有男孩見到

她的優秀和漂亮，對她展開追求，可是她對那些男孩並沒有感覺。她總是遇不到如意的男友。有朋友「慫恿」李靜參加聯誼會、單身聚會，她很不屑，認為自己還沒有到「剩女」的程度。參加聚會？太掉身價了。

有個週末，朋友硬拉李靜去參加一個聚會。因為工作太累，壓力很重，李靜想借此放鬆一下也好，於是就去了。在這次聚會，李靜認識了雷宇，一個瘦高而風趣的男孩。因為久坐過度，李靜感到很疲勞，雷宇幫她拿東西、照顧她。李靜問他是做什麼的，雷宇說：「賣笑的！」

面對李靜的愕然，雷宇對她解釋，他是做銷售的，每天面對客戶，哪能不笑臉逢迎？所以叫「賣笑的」。李靜第一次感受到一種別有意趣的幽默。

雷宇給李靜的感覺非常特別，和職場上很多呆板正經的男同事完全不同，既幽默又認真，而且也沒有那種工作不穩定小男孩的幼稚。這些都吸引了李靜。再後來，雷宇就成了李靜的男友。

李靜正是在聯誼會上遇到了自己的白馬王子的。那麼，我們爲什麼要封閉自己，或因爲矜持而不願意多參加聚會呢？

哪怕不爲尋找愛情，年輕人也應該多參加聚會，借此多結交一些朋友。多參加聚會，心情也會變得愉悅，精神狀態也會隨之改變，這種狀態又會反過來影響到容貌的光彩，能增加我們獲得愛情的籌碼。

當然，聚會上也要注意一些事項。比如，不要過於的招搖，那樣只會讓人反感，失了風度，失了矜持。在著裝上，要注意聚會的性質。參加宴會性質的聚會，可以穿禮服，並化上不淡不濃的妝。若是平時朋友的聚會，便可以休閒便裝爲主。

聚會的目的是參與交際，並在公眾場合中展現真實的自我，結識新朋友並因此而獲得異性、同性的欣賞，以尋找到自己心目中的愛情。千萬不要偏離參加聚會的主旨，弄巧成拙！

Love

好的窩邊草，何必要放過

我們，如果你現在還抱著「兔子不吃窩邊草」的愛情觀念，那麼我們只能對你說：「你OUT了！」

大學被人們譽爲「戀愛的天堂」，這裡的人兒都青春正茂，美麗正盛，在這裡，人們自在隨意地啃食「窩邊草」，「同鄉配」、「同學配」一對又一對前赴後繼地浮出水面。爲什麼越來越多的人青睞於「窩邊草」的愛情方式？年輕人的答案就是：越是「窩邊草」，越能像溫暖的檯燈一樣，讓他們心裡暖暖的。其實，能延續經年的異性之間的友情，多少有點類似家人的親情，由此步入愛情，不失爲一條捷徑。

掘「窩邊草」的時機不外同學會、同學的婚禮或是回鄉、返校的火車上。可供挖掘的「窩邊草」，必須要是和自己一起分享過至今爲止最重要的人生時刻，也就是說，原本就是可以信賴的朋友。如果彼此沒有美好的

回憶做基礎，也就難以碰撞出愛情的火花。

年輕人一旦發現了身邊出現優質的「窩邊草」，可以用這樣的話題拉近彼此的關係，比如一起在KTV唱過的歌或是兩人都很喜歡的流行音樂；以前經常去的地方；那時最好笑的一件事，當時彼此的綽號（確保那個綽號沒傷過你們自尊心）；如果是在家裡，找出那時的照片一起看，更能回味逝去的年少時光。這些「返老還童」的話題最能增進彼此的親密感，讓你順利拿下這棵優質的「窩邊草」。

電視劇《武林外傳》中，不僅僅是那一個個離奇搞笑的故事吸引住了人們的目光，劇中人物掌櫃佟湘玉和跑堂白展堂，雜役郭芙蓉和帳房呂輕侯之間的「窩邊草」愛情故事也感動了觀眾。甚至在某一集中，郭芙蓉和祝無雙還爲贏得呂輕侯這棵「窩邊草」進行了一番比試，儘管最終是郭芙蓉贏得了呂輕侯的愛情，無雙黯然退出這場感情的角逐。但是她們勇於追逐愛情的精神，卻贏得了觀眾的喝彩。

在這個自由戀愛的時代，一切皆有可能，職場也

是通向愛情天堂的一條道路。當你的身邊驚現一棵優質的青草，你不要做一隻堅持不吃窩邊草的傳統兔子，而要做一隻勇於追愛的新新兔子。但是，職場中的窩邊草也並不是每一棵都適合你的胃口的，如果你選錯了窩邊草，也有可能導致你這隻兔子消化不良。

怎樣在辦公室挖掘你心儀的窩邊草，怎樣一步步接近他，吃定他，我們要牢記窩邊草愛情法則。

1.事先做足功課

當你看中了一棵優質的窩邊草，在對他表白你的心意前一定要做足功課。儘管你已瞭解他的工作能力，但你還需要瞭解他對異性朋友的標準，他的感情世界處於什麼階段。知己知彼，方能百戰百勝。

2.委婉表白

如果你想追愛一個人，最好的表白方式是問問他週末要不要出去玩，當然，只有你們倆，看看他表情再做判斷，如果他對你同樣有好感，一般都會欣然接受。出現在他面前的你，最好也與在辦公場合時形象迥然。

3.用開玩笑的方式表白

我們需要學會自嘲，在你向同事表白後要利用自嘲來化解尷尬，表明心意後要緊接著表明自己是金剛不壞之身，即使遭拒也會照樣嘻嘻哈哈，這樣對方心理壓力不至於太大。一旦被拒，就擺出一副天要塌下來的悲傷面孔，或者死纏爛打，相信同事只會避之不及。而且以開玩笑方式表白有一個好處，就是真真假假，可以表白上N次。但如果對方是非常嚴肅地拒絕，也就是說，一點希望也沒有，以後再見他，就要很嚴肅很自重。

在你如此的愛情攻勢下，窩邊草自然繳械投降，毅然投入你愛的懷抱。

然而，並不是所有的人都具有挖掘窩邊草的潛質，如果你臉皮很薄，不想被人八卦；如果你性格刻板，工作時和戀愛時是一副面孔；如果你妒忌心強，看見他和其他異性同事說話，會煩躁得連工作都做不下去，如果你性格極端，萬一被甩，會做出在辦公室大吵大鬧的事，愛情專家建議你不要吃窩邊草。

另外，即使同一間辦公室裡合適的窩邊草有很多，但你一定只能選擇一棵，且失敗後不要再作他想。職

場上的一大忌諱就是「緋聞」，兩人都是第一次也就算了，好歹算是浪漫；如果他知道你之前已和他人有故事，一般都會覺得很麻煩，甚至連朋友都不想與你做。

和其他的愛情道路相比，辦公室窩邊草這條愛情之路顯得較爲艱難。許多公司都有明文規定禁止內部員工戀愛，這種情況下，我們需要權衡利弊，量量事業和愛情孰重孰輕，做好適時放棄一方的心理準備。

總之，遇到好的窩邊草時，我們也不要猶豫，大膽勇敢地去追。

不是所有的窩邊草都可以入口食用的，掌握挖掘「窩邊草」的技巧，才能讓你享用到「窩邊草」的甜美愛情。

Love

擴大你的撒網範圍

韓劇《我叫金三順》中，金三順曾這樣感歎自己的愛情：「30歲的女人在街上遇到戀人的可能性比在街上遇到原子彈的機率還小。」可是，這樣一個「大隱隱於市」的平凡胖女人，卻遇到了英俊的振軒王子，贏得了美麗的愛情。

而劇中的張領班卻只能和女同事借酒澆愁，分析她們找不到白馬王子的理由：

1.好男人都長得醜！

2.帥男人人又不好！

3.又帥又好的男人都結婚了！

4.又帥又好又沒有結婚的男人沒能力！

5.又帥又好又沒有結婚又有錢的男人對我們沒興趣！

6.又帥又好又沒有結婚又有錢的男人又對我們感興

趣的男人都是花花公子！

7.又帥又好又沒有結婚又有錢的男人又我們感興趣還不花心的男人是同性戀！

現實生活中，我們的時間被事業佔據，鮮有尋覓愛情伴侶的時間，故而許多人都在哀歎：「單身的都到哪裡去了？」又或者是抱怨：「我的工作性質不容易碰到異性。」

其實，主要是我們沒有選對尋覓優質伴侶的場所。那麼，哪些場合才是優質伴侶的出沒地呢？

1.「紅娘」飯局

相信許多的單身人士都有過這樣的經歷：朋友爲撮合你和某某而故意安排一場飯局，這就是「紅娘飯局」。朋友的朋友——這是大多數人遇到他們終身伴侶的方式。如果你只是單方面對他有好感，但是沒怎麼跟他說過話，不要不好意思，馬上讓你的朋友幫你安排一次見面。

2.婚禮

婚禮也是一個絕佳的認識優質伴侶的場所，許多年

輕人就是在此處偶遇了自己的另一半的。在這樣一個甜蜜溫馨的場合，當你看中一個喜歡的異性時，你能很容易找到中間人幫你介紹，這大大提高了愛情的成功率。

3. 家庭聚會

在我們的生活中，總會有那麼一些婚姻幸福的家庭喜歡安排家庭聚會，他們熱衷於把這種快樂和幸福的感覺帶給身邊的朋友，他們喜歡撮合身邊那些條件不錯，卻單身的好友。單身人士在這種場合認識你鍾愛的異性可靠性極高。

4. 老同學聚會

多年以後，當你參加同學聚會時，突然發現原來班上的毫不起眼的某某，突然變身成功，成爲新時代的單身優質人士。你可以從聊回憶開始，漸漸向他的心靠近。幸福轉了一個圈，又回到了原點。

5. 高級辦公大樓

在拎著手提電腦，身著高級西裝，行色匆匆地出沒於高級辦公大樓的白領中，也有一些是不能錯過的單身人士。他們的社會地位已彰顯出他們的身份，他們大多

事業成功，精神世界豐富，性格穩重又不失活躍，幾乎是伴侶的最佳代言人。

6. 健身房

如果你是一個熱衷運動健身的年輕人，如果你多注意出沒健身房的異性人士，或許一不小心就遇到了你命中註定的另一半。當你鎖定你心儀的對象，就可以借運動之名接觸他，逐步建立起親密的戀情來。

7. 文化場所

不少年輕人希望心儀的那個他是自己的「靈魂伴侶」，能和自己心靈契合，言談默契。要尋找到這樣的對象，我們應該多去劇院、歌舞劇院、美術館、博物館、音樂廳等文化場所，在薰陶自己文化氣質的同時，又能提高結識「靈魂伴侶的機率，何樂而不爲？

8. 高等學府

在一些知名的高等學府裡，積聚了大批的優質伴侶，他們都是憑自己優秀的學識才幹，最終踏進這些榮耀之門的。他的身上閃耀著高學歷、心思純、人脈通、身份顯等優點，這都是優秀潛力股的象徵。

9. 慈善活動

在以慈善爲主題的聚會活動中，總會出現一些善良而慷慨的人。找一個這樣的伴侶，就等於掌握了一份寶貴的美德財富，和這樣的人共度人生，你的愛情生活必定甜蜜而溫馨。

熱愛旅遊的年輕人，你或許能在某個旅遊勝地邂逅你的愛情，鍾情於酒吧情調的年輕人，或許你會在淺斟低酌時遇見你心儀的那個他。

只要你將心門打開，用一顆善於發現的眼睛去搜索，你就會發現，或許能和你共用一生的人就在你身邊。

網路中，是否有真愛

陳雨琪和謝海然的相識，是在網路上。那天網路線上的人很少，所以謝海然找她聊天，她就聊上了。他們正好在同一個城市。謝海然告訴陳雨琪，他大學畢業，進入工作一年了。陳雨琪當時在一家外貿公司工作。

本來陳雨琪沒有想過自己會網路戀愛，但謝海然的柔情蜜意，讓她動了芳心。情不自禁的，她和他見了面。謝海然帥氣得出乎陳雨琪的意料，單看外表，看不出他的年齡，他自稱23歲，在一家大型機械廠做技術工作。

他兩人經常聊到很晚。陳雨琪恨不得與謝海然朝朝暮暮，可是謝海然有時對她卻躲躲閃閃。謝海然不是說他的工作很忙，就是說要出差，或在進修中……陳雨琪認為這是一個富有進取心和事業心的男人，於是對他的愛慕愈加深厚。

半年過後，陳雨琪考慮到兩人都不算小了，也比較瞭解，因此一直等著謝海然的求婚，但謝海然從來沒有提及過結婚之事。後來陳雨琪委婉地提醒他，謝海然卻顧左右而言他，把話題引開。陳雨琪不免心生疑惑：謝海然是不是有什麼難言之隱？她決定，還是先不要給他壓力，不管謝海然有什麼難處，只要他願意說出來，她就願意和他一起去承擔。

那天，陳雨琪的一個朋友要結婚，陳雨琪想邀請謝海然和她一起去祝賀。她打電話過去，謝海然卻說，他正好也有一個朋友要結婚，時間竟然是同一天。

朋友結婚那天，陳雨琪一個人去了。猛然間，她看到伴郎身邊的那個男人，竟然是謝海然。他西裝革履，陪著新郎和伴郎聊天，看樣子很熟悉。陳雨琪忍不住笑了，原來他是男方的朋友呀。

陳雨琪正想過去和謝海然打招呼，卻看到一個女人提前了一步，帶著一個小女孩來到謝海然身邊，和他說著什麼。小女孩充滿了童真的聲音一字一句地傳進了陳雨琪的耳裡：「爸爸，媽媽說你答應明天帶我去遊樂園

玩。」

陳雨琪的頭轟地爆炸開來。她這才明白自己遇到了一個不折不扣的網路騙子。他已經結婚並有了孩子，卻在網上扮純情少男來騙自己和其他女孩。

很多年輕人像例子裡的陳雨琪，喜歡在網路上聊天，因爲網友一般都不在同一個生活圈，怎樣隨意地說話、吐露心事，都不會讓人覺得彆扭。而且網上聊天神祕，沒有壓力，比現實中面對面地聊天放鬆多了。在電腦前，誰也見不到誰，見到的只是對方打出來的字元。字裡行間可以看出文采、氣質、風度，可是身材、相貌、本質、性格等卻不易瞭解。

男人在網上比在現實中要大膽得多。因爲網路的特殊之處，讓網路戀情的欺騙性更隱蔽。很多男人網戀，就是玩玩而已，在見面之前，他絕不可能轟轟烈烈地投入進去。在生活中「我愛妳」三個字難以啓齒的男人，在網上卻可以輕鬆地說「愛妳愛到日久天長，愛妳愛到地老天荒」。因爲網路給了人退路，一關機就可以全身

而退。

當然，也不能說所有的網聊人都是靠不住的。

以下的鑒別方式可以供我們參考：

如果網聊的對方已經和妳見過面並確立了戀愛關係，可是還在網上和別的網友聊得火熱，甚至當著妳的面也不在乎，與網友眉來眼去說什麼「我想妳」，然後轉臉對妳說，他不過是在開玩笑或是逢場作戲，對妳才是真心的。這種人，千萬要警惕。他可以對別人逢場作戲，怎麼就知對妳是真心的呢？

只要妳在，他從來就不登入MSN（或其他聊天工具），或者本來已經登，一見到妳來，馬上就關了或隱身。如果妳讓他登MSN，他也找理由拒絕，這說明他心裡有鬼。要小心這樣的人。已經確立了戀愛關係，他打電話還背著妳，短訊看了就刪，也說明他心裡有鬼。

如果他喜歡上了妳，並見面確立了關係，就不再上網聊天，一心以妳爲主，這樣的人是可靠的。對他們來說，網路只是一個手段，一個工具，借助這個工具來尋找愛人，也是一種戀愛的方式。

網聊可不可靠，說到底，直接的答案還是與妳聊天的人是否可靠，而與網路的關係不太大。隱藏在網路後面的，都是一個個真實的人，在與他們接觸、交往的時候，就要靠妳自己的慧眼來識別了！

網路也成全了很多佳話，促成了不少姻緣，因網戀而修成正果的愛情還是很多的。但是，我們要學會提防並辨別那類利用網路來騙財騙色的人。

Love

相親相親，怎麼相才親

現在雖說許多青年男女都採取自由戀愛的方式結合，但傳統的相親擇偶還在一定範圍內影響著我們的生活。第一次見面相親時的交談是非常重要的，妳的每一句言辭，都在表露著妳是一個怎樣的人，對方就是透過妳的話語在給妳打分的。第一次相親能否成功，關鍵看我們怎樣與對方交談。

「討老婆，麻雀勝鳳凰」，有人這麼想，何況相親雙方早就看過照片，瞭解了很多外在的條件，所以大多數人都已經是在權衡之後才來赴約的，要是不中意也就不來了。

由於雙方已經互相交換過履歷表，對於學歷、年齡和家庭狀況略知一點點。因此前來相親者，多數對於預知的概況感到滿意。

下面我們看一下一對男女相親時的對話：

「我喜歡吃，也喜歡烹飪，從中學時代就常常幫媽媽的忙，所以我對烹飪十分有信心。」「那很好！這麼一來，我經常可以品嘗美味了。當妳的先生的人一定很幸福。」

「我學過葡萄牙菜和中國菜，現在正在學習日本料理和下酒小菜。」

「很好啊！下回再來拜訪妳，就讓妳請客。我的嗜好也是吃。」

「歡迎！我特別下點工夫，弄幾道菜，就像蠔油雞片、八寶鴨、芙蓉魚片湯，不錯吧？」

「哇！這是正式的宴會名菜，不是一流的餐館還做不出來呢！」

相親時的交談如果能夠如此進行，最後締結良緣的機會就相當高了。

相親時，畢竟是第一次見面，所以很多話不要說得太露骨，即使是在表現妳的熱情，也需要很含蓄地說出來。太露骨地表現自己，雖然可能是出於好意，但是可能會招致對方的反感，會覺得妳很迫切，這樣就會對妳

的印象扣分，影響了妳的魅力發揮。而且，女性的嬌羞也是最叫男性著迷的武器，「羞答答」的表情最能表現女性的風韻。

「喲，多不好意思！我不要。」

「請不要讓我難堪！我最怕遇見陌生人。」

女性這樣的嬌羞地說，男性會想「這樣才有女人味」。

對於女方來說，相親的大忌就是進行「身價調查」。像薪水待遇、存款、不動產等私人財務狀況屬於個人隱私，不適合作爲第一次見面的聊天話題，否則對方可能會想，妳到底是想跟他交往，還是想跟他的財產交往。

女性要使相親成功，就要努力展示自己的魅力，讓男性感覺妳是一位有知識、有教養的女性，例如，鋼琴彈得好、舞技高超、英語流利，等等。這些素養妳不說，他是發現不了的。但魅力必須配合對方的興趣來表達才正確，並且在宣傳自己的魅力時要乾淨俐落地表現出來。如：說話風格可以活潑一點，讓對方覺得妳是很

容易相處的，跟妳在一起，生活會很輕鬆、美滿。同時可以添加一些顯現自己優點和長處的話語。說話最好要表現出端莊、內斂，讓對方知道妳不是一個輕浮、隨便的女子，這樣比較容易給男性留下良好印象。

總之，相親相得好，也是可以獲得一份不錯的姻緣的，我們一定要做足功課，抓住自己的緣分。

相親總是帶有一定的目的性的，前來相親的異性很可能會成為妳想選擇的終身伴侶，所以想結婚的年輕人在相親的時候，一定要給對方留下美好的印象。

Love

宅男宅女去哪尋找自己的愛情

起床的第一件事，就是打開電腦，無論有事無事，一個小小的蝸牛殼和一台運行健康的電腦就是他（她）的大部分生活內容。哦！或許最好還要有一個像多啦A夢那樣要什麼有什麼的冰箱。人生就完滿了！他們彷彿成了一群「見光死」的人群，卻在自己的生活世界裡有著自己的快樂和樂趣；他們把自己打包在四四方方如禮品盒的房子裡，將自己當做禮物送給自己；他們對戶外的陽光沒有特殊的愛好，卻在自己的精神中得到莫大的滿足。他們就是一群可愛的人群——宅男宅女。

當「宅」文化成為一種時尚和潮流的時候，這群生活在自我世界的人群又該怎樣面對和創造他們的戀愛呢？當他們驚覺自己似乎快要成為「與世隔絕」的「世外高人」時，他們又該怎樣去追求自己的愛情？

有以下幾個小招送給我們親愛的的宅男宅女們：

第一招：一「網」情深。

21世紀的人，如果脫離了網路，那真的是Out了！宅男宅女們也用可以透過郵箱、QQ、MSN、社交網路，讓月老光臨自己的小窩，把紅線也綁在他們的指尖。

主動搜索，根據自己的喜好和愛好主動去尋找網路上的「氣味相投」的異性。與之真誠的交流，進行互動性良好的溝通。和對方建立有聊天話題的對話，此時，要謹記「沉默是金」是鍍金，不值錢的！

第二招：讓朋友兩肋插「交」。

如果你身爲宅神，自己的朋友圈子很少，要交到優質男女就是比較困難的了。所以，這個時候，你就可以求助於朋友。

多參與朋友間的飯局和聯誼，有時商務聚會也是很好的選擇，這個時候如果有碰到心儀的對象，千萬不要再「猶抱琵琶半遮面」了。等你扭扭捏捏地想開口問一句貴姓時，對方連影子都飛了。所以，此時你既要掩飾自己心中的狂喜，也要在短時間內引起對方的注意，巧妙地留下對方的聯繫方式。如果第一次不行，就找機會

讓朋友再安排一次。

第三招：我的「親親」愛人。

不要再以爲相親是N年前老奶奶的古老童話，也不要再有相親是多麼俗氣的想法，如果你一定要糾結於這個名詞，那麼可以將之換成「有情交友」之類的。

相親過程中也要注意一些問題，首先相親對象最好是一些自己比較熟識卻沒怎麼有利益關係的親朋好友介紹的，其次對對方的情況要掌握全面，尤其是自身較爲關注的地方。

宅男宅女可以蜷曲在自己的小窩裡，那是他們的生活方式和自由，但是，也要有危機意識，不要等到成了「宅剩」的時候，還繼續蝸牛著。宅，是一種文化，而宅人戀愛更是一種味道，他們是很可愛的一群人，宅男宅女，也能有美好的戀情，不要以爲自己不見室外陽光，就真的沒有「陽光」戀愛哦！想必他們的戀愛也是像裂了一條小瑕疵的馬克杯那樣，可愛又不失真！

與人交往中，不要因為自己價值觀和生活方式的不同而擔心犯錯誤或溝通不了，要知道，根據「出醜效應」，與完美無缺的人相比，精明又有些小缺陷的人，更招人喜歡，或許，「宅」出來的戀愛，也能宅出一種風味來！

Love

好伴侶需要你主動去尋找

「前世的一千次回眸，才換來今生的一次擦肩而過；前世的一千次擦肩而過，才換來今生的一次相識；前生的一千次相識，才換來今生的一次相知。」有人曾計算過愛情的機率，世界上有60億人口，其中有兩萬個異性適合做你的伴侶。所以，單身又渴望愛情的人們，爲什麼還要一味地守株待兔，出去尋找，尋找你那30萬分之一的機會，尋找到你的另一半。

電影《向左走，向右走》中，男女主角兩人居於同一幢公寓，卻因彼此習慣不同：一個向左走，一個向右走，因而從未相遇。兩人不曾相遇卻不斷擦身而過：在旋轉門一進一出、在電梯一上一落、在月臺上分站兩旁……

這麼近，那麼遠，總是稍欠那一點點就會碰到。

終於，他們各因欠租逃避房東的追纏，同時來到公園。在水池的一端，他們遇上了。兩人一見投緣，有如一對失散多年的戀人，一起玩旋轉木馬，在草地上傾談，渡過了一個快樂又甜蜜的下午。一段浪漫的愛情也悄悄在兩人的心底開始發芽。

沒有這次邂逅，他們永遠只能擦肩而過，永遠走不進對方的內心，永遠不會知道愛情的緣分其實就在咫尺之遙。

電視劇裡的情節總是令人神往，但是生活中難有這麼唯美浪漫的事情發生，浪漫的邂逅固然美妙，卻終究是可遇而不可求，所以不要一味地祈禱上帝賜予自己緣分，而是需要自己適時地製造美麗的邂逅。當你的周圍出現了一個讓你心動的陌生人，扭扭捏捏可不是現代人追愛所爲，大大方方地介紹自己，和他聊些意思的話題，獲取有價值的愛情資訊，才是戀愛達人的追愛之道。

白清逸住在一家醫院附近，她看中了醫院裡的一個年輕男醫生，卻苦於找不到合適的機會接近他，後來她終於想到了一個接近他的辦法。

某一天，一個女孩雙手抱滿了東西，和迎面匆匆而來的一個男人撞在了一起，東西撒落一地。這個女孩是白清逸，男人是那個醫生。男人在幫她撿拾起地上散落的物品之後，連聲為自己的不小心向白清逸道歉。白清逸則是一臉害羞又通情達理的樣子：「沒關係，你也是有急事才趕成這樣的。」

初次的計畫成功之後，白清逸又每天在醫院下班的時間牽著小狗在附近徘徊，幾乎每天都能遇見那個年輕的醫生，兩個人熟識起來，發現彼此的性格很合，不久就成為了戀人。

不要忽視浪漫的邂逅在愛情中的力量，灰姑娘會遇見王子，白娘子會遇上許仙，茱麗葉會邂逅羅密歐……很多戀愛，都是始於邂逅！

像例子裡的女孩製造邂逅，從某個角度上來說，就

是在人為地製造情分或緣分。自己製造的邂逅比真實的邂逅更能成就愛情。製造愛情的邂逅更是要本著「不打無把握之仗」的原則，精心準備，做好每一個細節，才不至於弄巧成拙。在這場邂逅中，戀愛達人把主動權牢牢抓在手裡，事先打探了對方的喜好，在衣著打扮上都迎合對方的喜好，儀態風度落落大方、彰顯自信，令人欣賞，能在對方心裡留下一個美好的印象，甚至可能讓對方驚喜不已。

浪漫的邂逅需要精心準備，但又要讓他看不出一絲「人工作業」的痕跡，讓妳的他感覺像是上天的安排。想要學習高超的邂逅製造技巧，不妨向白娘子學習一番，當白娘子看上許仙的時候，為了製造浪漫的邂逅，她先施了一次法術，來了一場「人工降雨」，然後再去羞答答地跟許仙「借傘」。這樣一來，她的美麗就從容地映入了許仙的眼簾，進而攻破了他的愛情心房。

我們，動點愛情的小心思，導演一場和心中愛人的美麗邂逅，主動去追求妳的他，上演屬於妳的愛情喜劇。

要想邂逅美麗的愛情，有時候是緣分的安排，有時候則需要自己製造條件，大膽製造浪漫的邂逅，為自己的感情生活帶來意想不到的甜蜜。

Love

愛情隨堂測驗

Q1：妳想給情人什麼樣的印象

妳做錯事了，上天懲罰妳變成人以外的動物，妳想變成下面哪一種動物？

A、狗　B、貓　C、馬　D、蛇

測驗結果：

A：狗→忠誠忠實，永不改變。　B：貓→有個性的。

C：馬→樂觀的。　D：蛇→可通融的。

Q 2 ：妳會有外遇嗎

在一個孤島上，妳只能選一種動物來陪妳，妳會選：

A、狗　B、豬　C、母牛

測驗結果：

A：狗→妳重視社會的道德規範，婚後妳不會犯這樣的

錯。

B：豬→妳無法抗拒慾望，很有可能會越軌。

C：母牛→妳不會主動，也不會拒絕，但妳會很努力試著不要這樣做。

Q 3 ：顏色代表妳心裡的人

請想一些人(這一些人必須認識妳，並且對妳來說是非常重要的人)，請將這一些人與以下的顏色聯想(不要重複名稱或顏色)，每一個人只能和一個顏色聯想。

A、黃色　B、橘紅色　C、紅色　D、白色　E、綠色

測驗結果：

黃色：妳永遠不會忘記的人；

橘紅色：妳永遠可以當他爲真正的朋友的人；

紅色：妳真正深愛的人；

白色：妳靈魂的雙胞胎；

綠色：妳終身難忘的人。

因為寂寞而愛錯人

可能會寂寞一輩子

Learn

第三章

學會如何俘獲戀人心

想吸引自己心儀對象的注意，在適當矜持的情況下，也得主動出擊才行。

很多時候，愛情和幽默是互動的，愛情來了，就會快樂，內心快樂了，自然就變得幽默。

打開心扉，讓感情升溫

如果一方敞開心扉，向對方說了很重要的事情，可能會收到意料之外的效果。比如，剛開始談戀愛的兩個人，感情突然加深很多。隨意聊天的男女，也許會在某個瞬間墜入愛河。

向對方傾訴從未向任何人說起過的祕密、家庭內的問題等，就叫做「自我告白」。不論說的人還是聽的人，都會增加對對方的親密感。而且，因爲對方信任自己，說了他的祕密，一般情況下，自己也要把自己的祕密告訴他，這就是「自我告白的回報性」。而這樣一來，更容易加深相互的信賴和好感。

經調查顯示，女性更善於使用自我告白的方法來構築良好的人際關係，而男性則很少對別人進行自我告白。

心理學上還有一種說法叫做「自我呈現」，是指意

識到別人在注意自己，然後有意識地去做對方期待的行爲、說對方期待的話。這是一種有意識地塑造自我的行爲。

1986年，日本的中村教授進行了一項試驗，以自我呈現的形式向參加試驗的人說自誇的話和謙虛的話，然後看這些人更喜歡哪一種。他事先準備了一些臺詞，以謙虛的話爲基礎，在其中加入自誇的話，只不過自誇的話所占的比例有所變化。結果表明，當自誇的話占60%的時候，是最受人歡迎的。也就是說，自誇的話太多，或者太過謙虛，都是不好的。

與人交往時，我們常可見兩類人，一類是善於言談的，這些人可以饒有興趣地與你談論國際時事、體育新聞、家長里短，可是從來不會表明自己的態度。而你一旦將話題引入略帶私密性的問題時，他就會插科打諢，或是一言以蔽之。對於這樣的人，人們往往多有戒備心理，常常被認爲是泛泛之交，不會深入。另一類人是不善言辭之人，雖然他們不太愛講話，卻總希望能向對方袒露心聲，這樣的人反而很快能和別人拉近距離，而對

於此類人，人們也往往願意和他深交。

爲什麼會出現這樣的結果呢？

人之相識，貴在相知；人之相知，貴在知心。要想與別人成爲知心朋友，就必須向對方袒露自己，即表露自己的真實感情和真實想法，向別人講心裡話，坦率地表白自己，陳述自己，推銷自己。

高依依是同宿舍中最擅長交際的一個，並且人長得也漂亮，但在同班甚至同宿舍的其他女生都找到了自己的男朋友時，唯獨漂亮的、擅長交際的高依依仍是獨自一人。

為什麼呢？她身邊的同學都表示，她太神祕，都不瞭解她。原來，高依依一直對自己的私生活諱莫如深，也從不和別人談論自己，每當別人問起時，她就把話題岔開。

在生活中，我們也常會發現有的女人外表看起來不是很擅長社交，但知心朋友卻比較多，而有的人，雖然

很擅長社交，甚至在交際場中如魚得水，但是他們卻少有知心朋友。這是爲什麼呢？如果你仔細觀察，會發現第一類人一般都有一個特點，就是爲人真誠，渴望情感溝通。他們說的話也許不多，但都是真誠的。他們有困難的時候，不知怎麼總能有人來幫助他（她），而且很慷慨。而第二類人習慣於說場面話，做表面功夫，交的朋友又多又快，感情卻都不是很深。因爲他們雖然說很多話，但是卻很少暴露自己的感情。其實人人都不傻，都能直覺地感到對方對自己是出於需要，還是出於情感而來往。

也許，你也有過這樣的感受：當自己處於明處，對方處於暗處，自己表露情感，對方卻諱莫如深，不和你交心時，你會感到不舒服，對這個人也不會產生親切感和信賴感。而當一個人向你表白內心深處的感受時，你會覺得這個人對自己很信賴，而你也無形中和他會一下子拉近了距離。

一個人應該至少讓一個重要的他人知道和瞭解真實的自我。這樣的人在心理上是健康的，也是實現自我價

值所必需的。一個從不自我暴露的人，很難與他人建立起密切的關係，而一個總是向別人談論自己的人，也不會贏得友誼，甚至會招人厭煩，就像魯迅小說中的祥林嫂那樣總是喋喋不休地談論自己事情的人，剛開始可能會得到別人的認可，但時間長了就會遭到人們的厭煩。所以，在向別人袒露自己時要恰到好處，不可過多，也不能過少。

當人們與自我暴露水準較高的人交往時，最有可能進行較多的自我暴露。人們常常會回報或模仿他人所欣賞的自我暴露。如與朋友聊天時，朋友講出心底祕密的同時，我們也願意做出同等的回報。

自我暴露與喜歡緊密相連。人們喜歡那些與自己有相同自我暴露水準的人。如果某人的自我暴露比我們暴露自己時更爲親密詳細，我們會害怕過早地進入親密領域，從而產生焦慮。

所以，遇到自己喜歡的人，你不妨向對方適當的袒露一下自己的內心，吐露一下祕密，這樣會一下子贏得對方的心，贏得自己的愛情。

心理學家認為，理想的自我暴露是對少數親密的朋友做較多的自我暴露，而對一般朋友和其他人做中等程度的暴露。而且，你也不一定要說你的祕密，在不太瞭解的人面前，我們可以交流一些生活中並不私密的情感，既給人親近之感，又不會讓自己處於不安全的境地。

Love

用幽默感吸引戀人的注意

生活中總有些女人，他們並不是很漂亮，要說智慧，也說不上，但是這些女人往往也能讓好男人傾心不已；同樣也有這樣的男人，他們並沒有花美男的帥氣，也沒有成功人士的霸氣，可是他們也總能討女人的歡心。其實，他們的祕訣就是幽默。在愛情中，總有些人善於製造笑料，天生具有的幽默感讓身邊的愛人快樂不已。正是這些幽默感，吸引著愛人的神經。

韓劇《我叫金三順》中的金三順就是這樣一個幽默的女人，她的幽默總能讓冷冷的振軒忍俊不禁。看看電視劇中的一個片段，你也會被三順的小幽默逗笑。

有一次，三順給振軒做了飯。

振軒有氣無力地說道：「我沒胃口。」

三順：「就把嘴當垃圾桶，往裡面倒吧！」

振軒忘嘴裡塞了口湯飯，說道：「太淡了。」

三順：「沒鹽了，只好拿我的洗臉水煮了……洗腳水也應該放才對，那樣味道應該會更好。」

振軒作嘔……

洗臉水煮湯？還應該放洗腳水才夠鹹？初聽見這樣的笑話，男人們只會犯噁心，在領會過來後又會開懷大笑。這樣幽默的創意，不是每個小女人都能想出來的，而且也不是每個小女人敢說出口的。只有三順那麼灑脫、開朗的個性，才能將這樣噁心的玩笑說得那麼輕鬆，說得那麼隨意，也才能讓聽這話的王子會心一笑。

愛情這東西說沉重也沉重，說輕鬆也輕鬆。現在的生活壓力這麼大，沒有人喜歡沉重，所以也不時地在愛情之中播散些幽默的種子，那種快樂就會開出花來，綻開斑爛的色彩，散發沁人心脾的香味，能將愛情點綴得更加動人。想想看，當妳愛的人想起妳來總能會心一笑，那他還跑得掉嗎？

不過，如果妳不具備三順的灑脫個性，還是不要

用這樣的冷幽默在王子面前耍弄，這純粹是一種冒險。尤其是當小女人初遇到王子的時候，說出「用洗臉水煮湯」這樣的幽默創意，只會讓王子對妳的素質表示懷疑，不僅不能獲得王子對妳的好感，還可能會重度摧殘妳在王子心中的形象了。

幽默是一項公認的智慧呢，戀愛因爲詭異莫測，其中玄機更是深刻，而「釣婿」過程中的幽默，其難度係數就更高了，若想熟練掌握，還真要下一番工夫。最重要的，還要看妳的真情實感了。

不懂幽默的人，就像綠葉中缺少紅花一樣沒有情趣。所以，我們要注意培養自己的幽默感，掌握幽默語言的藝術，努力使它成爲自己的知識和本領。

1. 注意豐富自己的幽默資料

看得多了，聽得多了，佔有的幽默資料多了，運用幽默語言的能力自然會得到提高。有道是：「熟讀唐詩三百首，不會作詩也會吟。」說的就是這個道理。

2. 注意從別人的大量幽默語言實例中啟發思路

運用幽默語言，要有獨特的思維方式，要有借題發

揮、創造幽默語境的技巧，而且要求反應敏捷、思路明快。

3. 多找機會應用

實踐出真知，幽默語言的修養也是這樣。從書上學來的幽默語言知識，只有經過自己在實踐中的聯繫和運用，才能變成自己的東西。

4. 幽默只是手段，並不是目的

不能爲幽默而幽默，一定要根據具體的語境，選用適當的幽默話語。另外，有一些人卻是天生不擅長幽默，則不必強求，以免弄巧成拙。

很多時候，愛情和幽默是互動的，愛情來了，就會快樂，內心快樂了，自然就變得幽默。所以說，還是尊重自己的感情，遵從內心的快樂，偶爾在喜歡的人面前耍耍寶，給他解解悶兒，調劑他平淡近乎沉悶的生活，真的是能讓戀人離不開妳的。

Love

愛情「苦肉計」，喚醒他對妳的愛

幸福要靠自己去把握，機會來的時候，我們要不惜任何代價抓住。譬如當妳遇見了妳認爲能給自己幸福的另一半時，哪怕利用苦肉計也要把他搶到手！

宋智慧秀氣、漂亮而內向。她在一家外商工作，典型的白領階層。在她的心中藏著一個祕密，她愛上了她的上司Jack，一位英俊而富有的美國人。

可是，Jack的周圍鶯鶯燕燕環繞不斷，像宋智慧這樣的女人實在是引不起他絲毫的注意。怎麼辦呢？望著Jack的一舉一動，宋智慧有些暗自神傷。「我想我是真的愛上他了。我是否應該主動一些，讓他感受到我的心意呢？」就是這樣的一番思考，宋智慧開始不甘心一如往日的消沉自閉，她展開了一系列的行動。

一夜的秋雨使天氣驟然寒冷，清晨的風中仍夾著

細細的雨絲。Jack像往常一樣開著他那輛銀灰色的保時捷，悠閒地開向公司的停車滑道。到了，再轉一個彎就是了。Jack放慢了車速。

就在這時，從轉彎處突然閃過一個身影，那身影走得是那樣的匆促，以至於Jack還沒來得及進入狀態，就把那人撞倒了。Jack連忙下了車，他扶起了地上的人。一張略帶蒼白的面孔映入了Jack的眼簾。Jack有一瞬間的窒息，那因痛楚而蓄滿淚水的雙眸像一泓深幽的潭水。可是他忽略了這一刻的心動，因為鮮紅的血液正順著女人白皙的手臂流下來。

「怎麼樣，傷得嚴重嗎，我幫妳叫救護車？」Jack著急地問。

「哦，我想不會太嚴重，如果妳能帶我去醫療所的話。」女人的語氣平淡。

「噢，是這樣，好吧。」Jack有些驚愕。這女人有些面熟，好像是他公司裡的人員。不過這麼漂亮的女人應該不會沒有印象啊。

「還好，只是手臂和大腿外側有輕傷。」大夫冷靜

地宣佈結果。

這讓Jack鬆了口氣，望著眼前嬌小而冷漠的女孩子，對心頭泛起的憐惜之情而感到吃驚，這可是他以前從未有過的情緒啊。Jack扶著女孩，在醫院長長的階梯上走著，有一刻，他有一種想要抓住手中這個女孩的衝動，直到永遠……

多年以後，Jack明白了那一刻的心情，那叫做「一見鍾情」。

後來的事，不說大家也知道了，宋智慧成功地製造並握住了這個機遇，贏得了Jack的心。這一切都是她的「預謀」，她算準了Jack每天上班的時間，並且注意到他每天到那個駛往停車滑道的彎路時會把車速放得很慢。

宋智慧利用精心構織的「苦肉計」得到了Jack的愛情，後來與其建立了美滿幸福的家庭，在國外成就了一番大的事業。

在這裡，我們在深深佩服宋智慧的勇敢機智之餘，

並不提倡這樣誇張的冒險精神。畢竟，「苦肉計」不一定要流血。我們需要借鑒的只是她在戀愛中以退爲進，先把自己置於不利境地，而後博得對方同情、關注的方法。

才貌雙全又有「心計」的年輕人能隨機應變，充分地利用自己的資本去爭取屬於自己的幸福。機會來的時候，我們要不惜任何代價抓住。

Love

適當矜持，但也要主動出擊

作家張小嫻曾說：「女人的追求其實只是用行動告訴這個男人，請你追求我！意思是拉開架勢，垂下魚線，願者上鉤而已。」

妳遇見了心目中的白馬王子，愛情的火苗在妳心中滋長，妳也能感覺到他心中的化學變化，但是他從不約妳出去，只是這麼一味地在愛情的邊緣曖昧著。很多時候，男人在決定工作執行方向時很果決，但碰上這種事情的時候，就會變成一塊大木頭，決斷能力瞬間退化成情竇初開的小男生。他們往往容易忽視女人給他的愛情暗示，也忽視了自己內心的那些細微化學變化。

這種時候，女人如果還只是一味地等待，就註定錯失這段愛情。不妨耍點小心計，不動聲色地推他一把，他就那麼輕易地掉入了妳的愛情之囊裡。

小菁喜歡上了她的一位客戶。有一回見面本來約好10點，但是那個男人臨時有事推遲了一個小時，他們談完已經到了午飯時間。男人說，不好意思讓妳久等了，不如我請妳吃飯賠罪吧。小菁壓抑著咚咚亂跳的，假裝為難地考慮了一下，說對不起我發個簡訊，本來和朋友約好一起吃飯的。然後對著手機亂按了一通。

就這樣，他們開始了非工作式的交往。小菁當然要回請他。第二次一起吃完飯，他們之間隨意了許多。三天後，小菁買了條領帶送給他，謝謝他對她工作的支持。再三天後，小菁以自己生日為名請他出來吃飯。一個星期主動約了人家三次，這已經不是一個尋常的數字。如果他有意，該明白小菁的心，如果無意，那麼再努力也沒有用。於是小菁開始收手。

果然不出所料，一周後，男人終於約了她。見面的第一句話是，妳好像突然失蹤了，我很不習慣。

她成功了！

在這場愛情的暗示中，小菁正是不動聲色地耍了一

點小心計：適當矜持，卻又主動出擊，見好就收，這才激起了對方的興趣，為自己贏得了交往下去的機會。雖然有情，卻在對方要求一起吃飯時適當矜持，並最後決定推掉別人的飯局。這個小花招對男人有兩點暗示：有很多人想跟我一起吃飯，我的人緣很不錯；我推掉了別人，說明我重視妳。一星期約人家三次，真可算死纏爛打。不過只要找到合情合理的理由，並在約會時保持矜持與可愛，讓他覺得：這是個可愛的女人，對我也挺有意思的，我是不是應該追求她？主動幾次後見好就收，無論如何他都會想：人家女孩子主動幾次了，於公於私、於情於理，我都應該主動一下。

重要的是，妳得讓男人覺得是他在追妳。追逐新獵物的過程，會讓他更熱情且充滿刺激。想想看，如果他不費吹灰之力地就能夠約妳吃晚餐，那妳們的約會，就會跟路邊發的贈品一樣不值錢。別當一條輕易上鉤的魚兒吧！讓他先開口約妳，好過妳先開口約他。他會對妳更加無法自拔。男人通常會期待這個獵愛的過程，所以妳必須狡猾地掌握這種若即若離的距離。

讓他開口約妳，其實很簡單，比如妳可以裝作不小心，寄錯了一封E-mail給妳的暗戀對象，內容是有關週末的好玩行程。當他滿心疑惑地回信，妳可以馬上順水推舟地說：「啊！我寄錯了……但是你想不想一起來參加？」妳就這樣自然地划入了他的生活，再加把勁，順利划入他的心河就對了。

我們想吸引自己心儀對象的注意，在適當矜持的情況下，也得主動出擊才行。

Love

情話是增進彼此感情的「強心劑」

在熱戀裡，情話是戀人之間必不可少的調味品，而女人卻總是以爲說肉麻的情話是下流的表現，會讓男人看不起。其實，男人的心裡並不是這樣想的。因爲情話是增進彼此感情的「強心劑」，男人可以說肉麻的情話，爲什麼女人不能呢？肉麻的情話最能使對方獲得滿足感和快感。

孫子曾經說過「兵不厭詐」，其實，在戀愛方面年輕人也可以用這招。不過，當妳要「哄騙」男人之時，必須自己用客觀的態度去觀察問題，等準確的發現了其價值以後，才能夠著手進行。

妳可以裝成很受感動地說：「啊！你實在太有男子漢氣概了，尤其是你的眼神。」或者說：「據說現在的男影星湯姆·克魯斯爲他的鼻子保了一百萬的保險，其實，你的鼻子可比他強多了！」

除非異常敏感的男人會察覺到妳在「演戲」之外，一般男人會以爲他的英俊把妳擊昏了，於是，他也會被妳的「震驚」感動，開始對妳萌生好感。

就算這種功利的目的沒有達到預期效果，但是發現了某種美，將加深妳的喜悅，提高妳的人格。不能賞心悅目地去欣賞對方優點的話，妳充其量也不過是淺薄的情人而已。

「啊！完了！我好像掉入了你的陷阱裡面去了。」

這是一句能夠贏得男人愛情的話，但是有一個前提，那就是：妳必須弄清楚他的哪一點真正吸引了妳。

去愛一個男人是輕而易舉的一件事。可是有一件事卻是相當的艱難，那就是，如何把對方的英俊巧妙地表現了出來：

「我只能在四種場合之下去愛男人。第一是逢到趣味高尚的男人；第二是兩個人都感覺到反覆無常的時候；第三是身體有所需求的時候；第四（也就是妳的場合）也就是碰上理想的對象的時候。」

「男性最不能原諒的是，女人不愛乾淨的習性。可

是，我認爲你會原諒我的，因爲，你的寬容會抵消我的懶惰。」

「自從昨天跟你分手之後，到今天已經整整一個月了。」

「你的體味就是男人的味道。」

「你認爲我在想什麼？難道，我有什麼可想的嗎？除了你的英俊之外。」

「我最害怕你的，首推你的帥氣。不過，話又說回來了，害怕跟喜歡根本就是一回事。」

「在情場獲勝的方法只有一種。那就是，掉頭溜之大吉。然而，你的帥氣牢牢地捕捉了我！」

「你具有一種神祕的氣質。不過，你大概不會因此而討厭所有的女人吧？」

「像你這樣帥氣的人，想必會使女人因單相思而死的。但是，你可不能一輩子對女人的追求裝聾作啞，因爲，我知道你的帥氣，那就像鏡子一樣。」

「瀟灑的男人是會使女人悟出自己的宿命的。以我而論，你就是這種男人！」

這些情話身爲女性已感覺到肉麻了吧！但它們確實能讓男人心花怒放，那麼，妳要不要去玩玩這個「遊戲」使筋肉鬆弛一下呢？女人要明白，空洞的但討人歡心的交談，才是博得男人歡心的最佳語言，下次妳再和戀人交談的時候，不妨試試上面的幾句話，相信一定可以輕易套住他的心。

女人長得漂亮，不如說的漂亮，這或許就是為什麼漂亮的女孩不一定能找到好男人的原因之一。女人不妨把情話肉麻到底！

Love

以退為進，減少對方的心理落差

男孩女孩正在熱戀，這個時期的男孩很可能會冒出一些難以直接回答的問題，女孩如果讀不懂這些問題，很可能會使兩人的關係陷入僵局。

男孩：「前幾天剛見了我的父母，我有一個問題想問妳，妳真的喜歡我的家人嗎？」

女孩：「當然啊，為什麼會這麼問？」

男孩：「我們家裡沒有錢，不像你們家，我父母還都是農民。」

女孩：「難道我一直沒跟你說，我父母也是農村出身，可能比你爸媽還要艱苦嗎？我小時候還在農村待過好多年，做過不少農活呢？你沒有吧？」

男孩：「沒有。」

女孩：「既然這樣，你會看起不起我爸媽，看不起

我，不喜歡我們嗎？」

男孩：「當然不會了。」

女孩：「那我的回答也是不會不喜歡你父母，也不會不喜歡你。」

故事裡男孩的問題就是這種情況。他問了女孩一個關於他家人的問題：妳真的喜歡我的家人嗎？這個問題暗含了幾種意思：一，男孩想透過女孩對自己家人的看法，看看她對自己的態度；二，男孩的家人或許真有一些在別人看來不容易接受的自身條件，女孩是否接受，即是女孩判斷對方是否真愛自己的關鍵因素。所以，面對這樣一個複雜問題，聰明的女孩不會直接給出「是」或者「不是」的簡單回答。

上文中那個女孩的回答是先從自己父母艱辛的農村生活說起，與男孩父母相對應，再反問男孩，因為我父母有這樣的經歷，你會不會不喜歡我，嫌棄他們？在這種過程中，女孩運用了以退為進的方法，先將自己以及父母的身份降低到與對方父母相同的位置上，在減小對

方的心理落差之後，將原本是對方提給自己的問題拋回給他，迂迴入題，而男方的回答，不僅揭開了女方的疑問，也給他自己解開了心結。

女孩與男孩的一問一答間，男孩的心思早已被女孩摸透。他之所以問那個問題，就是想得到某種肯定，這種肯定不僅僅限於他本人，更涉及他的父母甚至兄弟姐妹。肯定一個人很簡單，肯定一個人背後的家庭關係並不容易。女孩的那句反問就是給男孩的回答：「既然這樣，你會看起不起我爸媽，看不起我，不喜歡我們嗎？」問出來了就知道對方不會不同意，女孩敘述自己父母經歷的過程中，刻意強調了與男孩父母的相似性，既然都是一樣的，我怎麼會嫌棄你們呢？

所以，男女雙方交往的時候，如果兩人家庭有一些差距，爲了維繫感情的穩固，打消一方的顧慮，不如刻意降低一下本方的優勢，讓對方覺得他跟你沒有什麼不同，這樣，兩人才會穩步發展下去，不會在家庭背景方面出現裂痕。

一般來講，男人和女人說話方式上最大的區別在於男人是直白外露的，女人是含蓄內斂的。但是戀愛中的男人有時也會變得小心謹慎起來，所以，當男人一反常態的問妳對某件事尤其是與自己生活相關的人或者事的看法的時候，女人一定要仔細揣摩男人的用意，答案往往沒有表面看起來那麼簡單。

Love

展現妳的女人味，吸引男人的心

所謂女性的魅力，也就是女人最有別於男人的性別特徵，簡而言之，就是性感。卡內基曾說：「我認爲女人的性感並不是如何去吸引男人，而是憑藉自身的無窮魅力將其發揮到極致，吸引男人的目光並不十分重要，只有吸引男人們的心才是完美地詮釋了性感。」

卡內基給出了他認爲的性感特徵：

1. 添一點異國情調

很多人都會被異國情調中那份野性及神祕等因素吸引著。女士們可以穿戴富有民族色彩的衣飾、留一頭又直又長的長髮（不妨讓它有點淩亂美）。也可以給自己多一點精力及一點時間去流浪，這就是涵養一份異國情調的最佳方法。

2. 感性與性感

性感與感性從來都是相輔相成的。一個感性溫柔的

女人，無論思考、語調、一舉手一投足都更細膩和更具感染力。

3. 添一點醉意

微微的醺醉不但爲面頰添上緋紅、爲眼神添上份朦朧美及柔和美，亦能釋放在日間、在辦公室時鎖著的性感與坦蕩之美，但謹記不要過了頭。

4. 涵養野性的心

若妳不是外表野性，涵養一份內心的野性一樣叫人覺得妳充滿魅力甚至有份神祕感。而所謂野性可以是愛冒險、愛嘗試新事物、好幻想及隨時豁得出去實踐夢想。

5. 懂彈奏或跳舞

懂玩樂器及跳舞的人總會流露一份夾雜著性感的感性與溫柔，而這份意念其實比性感更誘人。如男人彈琴、吹薩克斯，女人拉小提琴或大提琴，若跳西班牙舞、探戈時流露委婉或冷豔的眼神，更能殺人於無形。

6. 擅用眼波流轉

無論是憂鬱的、迷惘的、縹緲的、懶洋洋的、天真

帶笑的或眼中藏著火焰的，只要有神韻及充滿眼波便是性感的發源地。

7. 呢喃軟語繞耳邊

法國人之所以被譽爲最性感的民族，正是因爲法國人表達時充滿感性及跌宕有致，而法語又像一種呢喃軟語。在適當地方停頓，加強節奏感，並借韻律帶領聆聽者漫遊於你的思維裡，這種像叫人與你的思維一起舞蹈的說話風格，不也是一種性感嗎？

8. 沉浸無邊思海中

很多人雖其貌不揚，但一旦沉浸在無邊「思海」中，臉上自會不期然地多了一份韻味。那些把眼神拋得遠遠的，嘟著嘴或微微側著臉、托著腮的表情就更惹人多望一眼。

9. 陽光膚色

凝肌勝雪的膚色固然如成熟的新鮮桃子，叫人垂涎，但一身陽光膚色配上苗條的身材，何嘗不能散發野性的性感呢？

10. 讓小孩子心性活在心底

曾經，西方流行「sexy as hell」的冷酷性感，但在主張返璞歸真的大趨勢下所擁抱的性感卻是「sexy as angel」。先讓內心有若孩子般的好奇、天真與熱情，妳才能在眼神裡流露夾雜著純真及孩子氣的另類性感。事實上，碧姬芭鐸、瑪麗蓮夢露、麗芙泰勒等本身都帶有孩子氣，再配合其魔鬼般的身材，湊在一起便是「sexy as angel」式的性感。

性感的女人是最具女人味的，性感也是女人獨特的氣質，男人往往會被性感的女人吸引而流連忘返，有人說性感是女人與生俱來的，但是其實如果在生活中注重培養，妳也能變成一個性感又有女人味的女人。

Love

一臉的嬌羞勝過無數情話

韓劇《星夢奇緣》中，男主角江民之所以愛上女主角漣漪，正是源於她時時流露出的嬌羞女兒姿態，讓他內心騰升出一股想要擁她入懷，終生呵護她的欲望。嬌羞的漣漪，儘管她也深深地愛著江民，但她總不敢像時下的熱情奔放型女孩一般，大膽將內心的愛意說出口，而總是將那份深深的愛埋藏心底。她和江民相處了那麼久，只有唯一的一次告白，那是在相思之苦的煎熬下，才讓一句「你知道我有多想你嗎」脫口而出，讓江民爲之動容。雖然漣漪不擅長用言詞表白自己的愛意，但她含情的眼神、緋紅的臉頰和溫柔的笑容，卻在默默地向江民袒露心跡，告訴這個優秀的男人她有多愛他。

許多時候，女人一臉的嬌羞反而勝過了無數的情話，讓優質男的心怦怦跳動不停嬌羞的女人，在男人的眼中有一種別樣的魅力，令他們魂牽夢縈，欲罷不能。

男人愛煞女人一臉嬌羞的表情，就連著名詩人徐志摩都寫詩讚歎道：「最是那一低頭的溫柔，像一朵水蓮花，不勝涼風的嬌羞。」知名作家老舍先生也以爲：「女子的心在羞恥上運用著一大半，一個女子的臉紅勝過一大片話。」

嬌羞是女人獨特的美麗，它是一種青春的閃光、感情的信號，是被異性撩動了心弦的一種外在表現，是傳遞情波的一種特殊語言。當心儀的他出現眼前，小女人內心深處的一顆心不由自主地悸動，反應到臉上便是一臉的羞澀，紅暈爬上了青春美麗的臉龐，似一種無聲的誘惑語言，撩動了優質男內心的愛情之弦。當女人知道了羞澀對男人的魅惑力，便學會了在臉龐塗抹淡淡的紅色胭脂，似一抹羞澀的紅雲，男人看在眼裡，心裡愈發起層層的漣漪。

嬌羞朦朧，魅力無窮。嬌羞猶如披在女人身上的神祕輕紗，增添了一種迷離朦朧的美感，這是一種含蓄的美，是一種蘊藉的柔情。溫柔似水是大多數女人的天性，純真善良是女人應有的品質，而嬌羞正是二者的結

合與表現。嬌羞的女人是春天的草，想探頭，卻似露非露；嬌羞的女人是清晨的霧，朦朦朧朧，似古時的女子，掩袖遮那頰上的彩雲；嬌羞的女人是山中的泉，清清澈澈，碧碧甜甜，清涼心間；嬌羞的女人是天上的月，看似好近，實則好遠，只能視作風景欣賞靜靜存放心裡面；嬌羞的女人是一縷風，柔柔拂面，情不自禁伸手去抓，卻又空空然然。嬌羞的目光清澈如皎潔的月光，嬌羞的潮紅明豔如含露的花瓣，嬌羞的語言含蓄委婉地傳遞女人的蘭心蕙質。

嬌羞的女人，美在含蓄，美在執意，美在意境，美在精緻，美在柔情，美在朦朧，美在善解人意，美在情在心中，美在心靈唯一，這樣的美，是自然的美，是內心最最真實的心境美。只有這樣朦朧的美麗，才能牽扯著心儀人的魂魄，讓他日思夜想，惦記在心的中央。

Love

用美妙的聲音觸動他的靈魂

生活中，我們有過這樣的經驗，一個女人看起來年輕漂亮，但是她一開口，聲音卻低沉得像個上了年紀的老年人，無論如何，這個女人給我們的形象就大打折扣了。通常情況下，一個聲音好聽的女人，更容易被周圍的人接受。

男人對於女人的聲音再熟悉不過了，儘管每天都會跟不同類型的女人打交道，但是並不一定每一種聲音都能讓男人感覺到觸動，但是有這樣幾種聲音，一直是男人喜歡的類型。

1. 柔媚之音

具有舊上海的金嗓子之稱的周璿的代表聲音。這種聲音集中了女性的嫵媚，甜美，還有一種繞梁三日不絕於耳的感覺，讓男人很是著迷。但是這種聲音在當今的社會已經很難再見了。因爲女人地位提高了，和男性有

了同等權利，嗓音大了，力量強了，不再刻意用聲音去打動男人。女人的自立，必然導致這種聲音的消失。

2. 甜美之音

是從上個世紀80年代走過來的人，都會深深地記住她的名字，鄧麗君，這個女人的聲音影響了一代人。甜美，清新，脫俗，也去除了浮躁，她的聲音滋潤了一代人，更讓迷失與迷茫的男人的心得到了緩解，獲得了平靜。鄧麗君未必是最美，卻輕而易舉的捕獲了所有男人的心。

3. 磁性的聲音

男人聲音的磁性多帶有一定的性感成分，女人的聲音磁性則是一種中性化的，既有一部分女性的柔美，又有一部分男性的堅韌。女人低沉磁性的聲音更能打動和穿透男人，就好像蔡琴。用這種聲音演繹女性柔美的味道，如同一杯陳年的老酒，芳香中帶有一種悸動。

4. 性感的聲音

性感的聲音通常都是找不到一個固定的臨界點的，可以認爲是撓人心扉的聲音。性感的聲音有一個主要的

特點，就是柔。柔是女性的特質，也是男人對完美女性的期待和渴望。

以上是些比較極致的聲音，很多女人並不一定有。女人沒有很好的聲音並不是特別重要，不過，千萬要注意避免不好的聲音。以下是幾種常用方法：

1.說話不要帶鼻音，否則會讓人聽起來不舒服，顯得沒有生氣。

2.說話聲音切勿高而尖。用尖嗓音說話，會使周圍人心情煩躁，應儘量抑制這種尖聲，使語氣柔和些。

3.說話的聲音切忌單調，透過恰如其分地運用停頓增加語言的表現力，在聲音裡注入情感。

4.調整講話速度，太快或太慢都不利於自己的表達。適當的說話速度大約是每分鐘一百二十個字到一百六十個字左右。

5.說話時嘴唇儘量活潑一些。女性都是伶牙俐齒的，嘴唇在說話時十分活潑，更增加了女性的柔美可愛。

女人要找到屬於自己的聲音，你如果想從自己的聲音走進自己的靈魂，唯一的通行證是用感覺去說話，這樣還怕俘獲不了心儀對象的心嗎？

Love

顧盼生輝的眼神，最勾男人心

在中國古代，人們用秋波來形容女子的眼波流轉，如秋天的水波一樣清澈明亮。「臨去秋波一轉」，形象地表現了女子眼神輕轉，似癲似喜的嬌柔姿態，具有攝人心魄的力量。將美人的眼神比喻成秋天的水波，實在是有如「神來之筆」，它不僅道出了眼睛的清澈明亮，還傳遞了一種顧盼中的情思流轉的韻致，真是生動傳神。

美人如秋水的眼波，令男人們銷魂，更讓男人們難以招架。白居易，這位中唐的大詩人，一生尤重歌女，對琵琶女的同情自不必說，而對彈箏女也充滿柔情，《箏》詩中，他鮮活地寫道：「雙眸剪秋水，十指剝春蔥。」（後來這句詩又被李賀和晚唐的韋莊看中，李賀在《唐兒歌》中化用：「骨重神寒天廟器，一雙瞳人剪秋水。」韋莊在名詩《秦婦吟》中照搬：「西鄰有

女真仙子，一寸橫波剪秋水。」）寥寥幾字便將女人的嬌媚，柔情表傳得淋漓盡致，同樣他對楊玉環的眼神掌握也是那樣準確：「回眸一笑百媚生，六宮粉黛無顏色。」女人的秋波就是這樣威力無窮，不僅能剪破秋水，而且還能令同性美色頓失。

眼睛是心靈的窗戶，它最能表達你的心聲。透過妳的眼睛，人們可以看透妳的內心，是單純清澈、溫柔可人，還是冷酷冰寒？每一個女人都想擁有美麗迷人、會說話的眼睛。眼睛不美，即使其他部位再美，也將失色。對於女人來說，會笑的眼睛是美的，會說話的眼睛更美。正所謂「情發於目」，女人懂得如何借助眼神的力量傳達內心的情感。如果眼睛明亮動人，那麼其他部位即使差了些，也照樣可以留給別人美的印象。

「眼爲一身之日月，五內之精華」，男人欣賞一個女人往往從她的眼睛開始。《孟子・離婁上》中就說過：「存乎人者，莫良於眸子。眸子不能掩其惡。胸中正則眸子瞭焉；胸中不正則眸子眊焉。聽其言也，觀其眸子，人焉瘦哉？」。他說觀察一個人，再沒有比觀察

他的眼睛更好了。因爲眼睛不能遮蓋一個的醜惡。一個人胸中正，眼睛就明亮；胸中不正，眼睛就昏暗。聽一個人說話的時候，注意觀察他的眼睛，這個人的善惡又能往哪裡隱藏呢？漢代的王充在《論衡》中也曾說：「美色不同面，皆佳於目。」《淮南子》中也提及：「佳人不同體，美人不同面，而皆悅於目。」詩人普希金也曾這樣讚美奧列尼娜的眼睛：「有多少深思的性靈，有多少稚氣的單純，有多少纏綿的語言，多少柔情和多少幻夢……」

在眾多的秋波流轉中，「媚眼」最勾人心魄。人們習慣把愛意汩汩流淌的眼神稱之爲「媚眼」。南朝詩人何思澄，在《南苑逢美人》時說，「媚眼隨羞合，丹唇逐笑分」。可知媚眼是將睡未睡，似醒非醒；半開半闔間，有輕霧飄忽，煙塵籠罩。都聽過「媚眼如絲」，細細長長，纏纏繞繞。媚眼不是直視的眼光，是自斜刺裡飛出來的眼風，傳遞一種欲言又止、柔腸百轉的楚楚可憐效果。

李漁《閒情偶寄》中說：古時有大富人家選妾，

眾女子林立，其人命「抬起頭來」，一女子應聲抬頭，瞪大了眼睛讓人看，是爲不知羞恥；另一女子抬了一下頭，又立刻低下，是爲小家子氣；第三個女子央之再三方將眼角一溜，徐徐抬起頭來，眼簾卻垂下了，瞬即又眼風一轉，頭向後俯，是爲媚態，爲會看。

我們，當妳出現在眾人眼前，媚眼如絲，眼波流轉，妳的眼神一定能讓男人魂牽夢繞。

女人顧盼生輝的雙目，對於男人具有勾魂攝魄的魅力。在含情脈脈的巨大電波下，很少有男人不春心蕩漾。

Love

欲擒故縱，吊足他的胃口

都說男人不壞女人不愛，那麼反過來說，曾子航在他的《女人不狠地位不穩》中則說出了這樣一句話：「女人不拽，男人不愛。」

要問男人最鍾情哪一種女人？許多人腦海中冒出的第一個答案是擁有傾國傾城美貌的西施，想到的第二個答案會是溫柔賢慧的持家女。這種答案完全忽略了男人對得不到的女人產生的「甜葡萄」心理，也忽略男人天生的「犯賤」心理。

男人最鍾情的女人是那些會吊自己胃口的「拽」女人，欲擒故縱、若即若離反而會讓他的感情升溫。男人會認爲，自己沒有得到的東西更有誘惑力。如果愛情來得太容易，他就會因此喪失激情。打個比方，如果男人是一隻小貓，那妳就當它鼻子尖上的一塊魚肉好了，只有這樣，他才能始終保持著對妳的渴望與追求。

《鹿鼎記》中，韋小寶娶了七個老婆，個個貌美如花，然而韋小寶最愛的還是一直對他若即若離的阿珂，金庸在原著中這樣寫道：「韋小寶一見這少女，不過十六、七歲，胸口像被一個無形的鐵錘重重擊了一記，霎時之間唇燥舌乾。心道，我死了，我死了，這個美女倘若給我做老婆，小皇帝跟我換位也不幹。」在韋小寶的7個老婆中，阿珂是他追得最為辛苦，阿珂的喜怒無常讓韋小寶難以駕馭，正是這樣才讓韋小寶成天朝思暮想、肝腸寸斷，甚至發下毒誓：「皇天之上，后土在下，我這一生一世，便是上刀山下油鍋，千刀萬剮，滿門抄斬，大逆不道，十惡不赦，男盜女娼，絕子絕孫天打雷劈，滿身生上一千零一個大疔瘡，我也非娶妳做老婆不可。」

阿珂無疑是一個「拽」女人，面對韋小寶的百般糾纏，始終保持著自己的那份高貴，而越是這樣，韋小寶對他的熱情追逐就越是來勁。如果女人在面對自己心愛的男人都能像阿珂一樣，有意保持若即若離的距離，讓

他看得到，卻摸不著，心癢難耐，那麼在他心中，妳就是那顆得不到的甜葡萄，不用說，這個男人註定是妳的囊中之物。

知道了「女人不拽，男人不愛」的這個道理，女人要想追到心儀的男人，讓他乖乖走進妳的愛情陣地，不妨學學《孫子兵法》，對他耍點「欲擒故縱」的小詭計，自己「拽」一點，讓他覺得妳不完全屬於他，因而害怕失去妳。不要把男人看得太緊，因爲男人通常會很害怕被綁住。而且，妳也不要給男人一種好像妳離不開他的感覺。妳得讓男人有自己的空間，這對你們的關係有益無害。人是矛盾的，妳越顯得不在意，男人反而會加快步伐圍著妳、追求妳。

王娟就是一開始對心儀的優質男施以「欲擒故縱」的態度，反而激起了這個男人的狩獵欲望，積極地展開對她的追求。有朋友問王娟的男友：「以前可沒見過你這麼主動追女孩子的啊，這次怎麼這麼積極啊？」王娟的男友一臉幸福地說：「她總是讓我捉摸不透，讓我特

別想要去瞭解她，想要融入她的生活。我有好幾次約她的時候，她總是說與朋友約好了去逛街，或者說她今天只想靜靜地一個人在家……這讓我感覺，她與我以前認識的女孩子不一樣。要知道先前的那些女孩子，會不顧一切地扔下所有的事跑到我身邊，但她從不。坦白地說，她這樣做恰恰激起了我的欲望，我感覺她就是我所需要的那個女人。」

許多男人都承認，他們對送上門的女人，還有那種對他太好的女人都不會珍惜。女人給男人無微不至的關照，反而只會換來他的離去，離去理由一般都是：「妳對我太好了，讓我承受不起，妳應該去找一個比我更好的男人。」這時，妳只能啞口無言，難以挽留住他。所以說，我們不妨學學例子裡的王靜。

對男人，一味地付出並不見得是好事，學會吊他的胃口，在愛情中「跩」一點，才是真正的愛情高手所為。

施展「慢性誘惑」，一次只給一塊糖吃

著名偵探小說家愛葛莎．克利斯蒂曾說：人生最大的不幸就是得到了想要得到的。偵探推理小說同樣適用於男女之間的愛情，男人喜歡征服的過程，太快俘獲芳心會有食之無味的感覺，結果不是分道揚鑣就是感情破裂。要想長久地留住一個男人，就要不斷地給他製造征服的欲望，不要竹筒倒豆子似的一次把甜蜜全給了他，而要「一次只給一塊糖吃」，不斷地誘惑他，妳才能在通往男人內心的那條路上蜿蜒前進，不慌不忙地欣賞沿途的風景。

蘇秦與一個叫孟煌奇的男人在網上至少相識有3個多月的時間了，頗有惺惺相惜之感。一天，孟煌奇約好了蘇秦見面。儘管內心激動不已，蘇秦還是按捺住了內心的雀躍，細心準備著見面時的穿著：是自己舒服別人

看著也很舒服那種，且恰到好處地部分露出性感線條：一段漂亮的鎖骨和脖子、線條勻稱的小腿。

儘管兩人在網上已十分熟絡，但在見面交談的開始，蘇秦還是故意挑選了一些輕鬆的話題，適當的時候，她還主動丟出兩三個小笑話，整個約會中至少有一兩次他們同時笑起來。放鬆的孟煌奇，開始不斷地向她談起自己，緊張的心情讓他有些語無倫次。

她明白這個男人被自己吸引了，但她回應得並不激烈，只是向男人回報友好的微笑。男人為展示自己的經濟實力，大談炒股常勝的話題，滔滔不絕之勢不減，她巧妙利用去洗手間的小事給他做了暫停。

在整個約會中，她大多都在傾聽和微笑，她並不主動打探孟煌奇的私生活，也不談起自己任何的感情經歷和觀念。雖然孟煌奇主動向她提起自己過去的情人和女友，她也聽得認真，卻不隨意發表看法。

約會後，孟煌奇一直沒有聯繫蘇秦，蘇秦雖然很想知道原因，卻還是按捺住了自己的好奇心，沒有主動聯繫。一個星期以後，孟煌奇打來電話約蘇秦出去，當時

蘇秦正和朋友逛街，就婉言回絕了，說等有時間再說。當天晚上12點，孟煌奇打來電話，蘇秦看時間太晚，沒有接聽，第二天蘇秦禮貌地回覆，說當時自己已經休息了，所以沒有接聽電話。此時，孟煌奇感覺到自己以後要尊重蘇秦的時間，又感覺到了蘇秦對他的尊重與真誠。在第二次約會時，他非常注意把握好時間。蘇秦看到孟煌奇為自己付出的心力時，她知道，孟煌奇這個男人已經逃不出她的手掌心了。

例子裡的蘇秦施展地正是慢性誘惑，她要讓男人知道，她不是一張即撕即棄的便利貼，而是一家琳琅滿目的糖果店。一次、二次、三次，她每次都會給男人新發現，一生讓男人尋求探索。最終牢牢套住了心儀對象的心。

好東西慢慢給，面對妳心儀的優質男，女人要懂得「一次只給一塊糖」的慢性誘惑準則，讓他每次發現都是新感，每次感動，都有頭一遭，讓對方漸漸淪陷。

情場勝女如何表達暗戀

「壞女孩」面對自己心儀的男孩從來不會守株待兔，因爲她們知道，優秀的男人會「狡兔三窟」，從別的洞裡溜掉。不過，她們也不會傻到去「反追」男人，因爲她們知道，這樣反而會讓他們覺得自己一文不值。她們會用巧妙的方法「勾引」男人，在引起他們注意的同時，又不會讓他們反感，最終讓他們來瘋狂地「追」自己。

下面就是那些「壞女孩」常用的「勾引」男人的妙招，如果妳在暗戀一個男孩，不妨也拿來試一試：

1. 間接法約男生

妳可以計畫和兩三個一樣沒有男友的女孩一塊去郊遊，並對妳心儀的那個男孩說：「這個星期天，我們要去摘橘子，想一起去嗎？反正你也沒事，順便再找幾個朋友來玩玩吧！野餐我們會處理，其他一切費用自

付。」像這種令人放心的良好條件，只要是週末賦閒在家的男孩都會踴躍參加的。一般來說，擔心費用負擔過多，是男性不想請女性郊遊的原因之一，妳的提議打消了他的顧慮，他自然會踴躍參加了。

2.「萬綠叢中一點紅」勾魂術

使用這一方法，目的就是要引起男人的注意，只是需要掌握機會和技巧。比如，只要是有男性在那吞雲吐霧、聊天的地方，妳盡可以笑嘻嘻地走向他們，因爲他們這時絕對不會在談正經事，一定都是窮極無聊地在那兒閒聊。如果妳在這個時候加入他們聊天的圈子，他們一定不會請妳走開，而會搬張椅子請妳坐下，這就是「點紅」的情形。一般來說，男人在這個時候會很歡迎女性的加入。在這之後，妳可能成爲他們經常邀請的玩伴，自然會引起那個「他」的注意。

3. 抓住瞬間機會讓他注意妳

當妳正要和妳心儀的異性擦肩而過的時候，最好停下來，不要真的與他擦肩而過。事實上，往往是那種毫無準備的瞬間見面，才是在兩人之間擦出火花的最佳時

機。所以，妳應該有這樣的思想準備，隨時準備利用這種瞬間的機會引起對方的注意。

4. 儘量製造兩人單獨相處的機會

譬如說妳買了兩張電影票，就可以對他說：「我這兒有兩張電影票，不知道你晚上是否有空？」如果他拒絕妳，妳盡可以將這兩張電影票轉賣，減少妳的損失，或是先請好對方，再來買票。還有，如果妳手邊正好有兩張演唱會的招待券，妳就問他是否能夠陪伴妳前往。借著這種方法，妳就可以大大方方地和他去約會、去展覽會，或是去一些比賽場合。

5. 寄賀卡表達妳的「誠意」

一張簡潔的賀年卡、探望卡，相信無論是寄的人，還是收的人，都不會像是寫信那樣不好意思，而且收的人一定會對寄信人留有好印象，認爲「她還不錯嘛！還會寄賀年卡給我」。如果妳是從旅行的地方寄旅遊明信卡片，雖然他的家人不會太在意類似的卡片，但他一定會將妳的心意埋藏在心底。在未徹底瞭解他內心想法的時候，就不要寫內容過多的信，慢慢等他一段時間。

另外，如果知道他的生日，不妨給他寄張生日卡，表示妳對他的關心，借著這種生日卡，也就等於闡明了妳的心意。儘量找些藉口，寫些簡單的明信卡、賀年卡給他，這樣以後見了面，他也會和妳打招呼交談。

6. 製造「偶然」

如果妳知道他經常去哪些商店買唱片、買書，那就更方便了。妳可以先查查看他的興趣和嗜好，然後就裝出和他興趣相仿的樣子，經常去他所進出的商店，那麼妳的機會相形之下就更多了。單是一次、兩次地進出他喜愛的場所是無法奏效的，妳必須持之以恆地去他常去的商店，偶爾妳也可以買些東西，表示妳是這家店的常客，如此，機會一定會來。

真愛也許會從天而降，但是如果妳故作矜持不去伸手接住，也許妳的真愛就會落入他人手中，所以，當真愛從天而降時，不妨實踐上面提到的方法抓住真愛，成就自己的愛情童話。

Love

如何吸引心儀的內向男

作爲待嫁的女孩，自然希望引起風度翩翩的男人的注意。但是風度翩翩的男人，雖然具有男人的魅力，但很可能是一個保守而又內向的人，也很可能因爲妳不曾與他見過而怯場；雖然他想認識妳，但因爲顧慮重重，很可能保持沉默。

生活中經常會出現這樣的情況：一對本來可以相識、相戀的男女，因各自的心理作祟，或者在一個清風徐來的早晨，或者在一個月朦朧的夜晚，卻擦肩而過了。這種情況固然有一種神祕的美麗，但終究沒有收穫和擁有，是不是感到有一些遺憾？甚至是終身的遺憾？如果他們不擦肩而過，如果他們擦肩而過後，雙雙回首，給對方一個信號，那麼是不是會發生一段動人的愛情故事？

女孩要學會發揮自己的魅力，用魅力來吸引自己心

儀的內向男。下面一些技巧妳不妨一試。

1. 記住對方的資料

在男女交往中，免不了互相介紹，這時候妳一定要全神貫注，要記住他的名字，否則他會覺得妳過於高傲或心不在焉，可能對妳敬而遠之。除了對方的名字，他的職業、籍貫、電話號碼、興趣愛好、飲食口味等，都要牢記在心。在適當的時候，不經意地讓他知道妳對他的小細節記得很清楚，他便會開始留意妳。

2. 不露聲色地展示自己

中國人普遍都有著含而不露的性格特徵，男性大多喜歡含蓄、內向型的女性，開放型的女性雖然可以朋友遍天下，但在絕大多數男性心目中，她們容易「走近」卻不容易「走進」，只可爲友卻不可爲妻。假如妳覺得自己沒有足夠的能力改變他的這種觀念，卻又無法割捨對他的感情，不妨投其所好，經常讓他眼睛一亮，發出由衷的驚歎：原來她是這樣優秀！

3. 與其他異性交往要把握分寸

事實證明，男人的嫉妒心是一筆可以利用的資源，

一個被若干異性愛慕著的女性比落落寡合的女性魅力大得多。只要使用得法，妳所鍾情的男人會出於對其他異性的嫉妒而對妳產生興趣，但是最好是點到爲止。「欲擒故縱」不失爲一種好辦法，但要記住「物極必反」，妳如果過於討人喜歡，而且來者不拒的話，妳的形象將會大打折扣。

4. 要做一個「變形金剛」

太陽每天都是新的，人也是一種喜新厭舊的動物。當妳心儀的男人仍對妳無動於衷的時候，不要著急，冷靜思考一下，是不是自己哪些地方落伍了，也許在忙忙碌碌的生活中妳放棄了自我更新。妳不妨時時改變自己，讓他每次見到妳都有一種全新的感覺。比如，改一下打扮，變一下髮式……當然，最根本的還是精神面貌的改變，注意萬變不離其宗，需要改變的是妳的弱點，而不是優點，盲目改變不如不改。

5. 學會鼓勵那個自己暗暗喜歡的男人

有人曾做過一個小測試，如果遇到一個妳極滿意的異性，妳是否會主動搭訕建立聯繫？答「會」的女人爲

55.7%，而男人們竟比女人們還低5.7個百分點。

如果不主動與那個自己喜歡的異性聯繫，有24.3%的女人和28.5%的男人是因爲認爲這樣做有違自己的行事準則，23%的女人和21.3%的男人是因爲擔心受到冷遇，4%的女人和14.3%的男人怕被笑話。因爲缺乏勇氣而不與自己喜歡的異性搭訕的男人爲49.9%，女人爲30.8%。可見男人在表達愛意時，比女人更膽怯，女人們應該學會鼓勵那個自己心中暗暗喜歡的男人，讓他主動接近妳，推動妳們感情的發展。

如果我們能夠掌握以上方法，並靈活運用，相信妳心儀的男人一定會乖乖到妳身邊來。

愛除了心靈的感應與感覺外，還有行動的表白。我們遇到喜歡的人，一定要大膽地告訴他，妳就是他的夏娃。

Love

佔據他的生活重心，讓對方離不開妳

妳已經如願以償地佔領他的心，進入他的愛情領土，但妳依舊在揣測在他心中的地位，依然對你們關係的穩定性惴惴不安。而要讓他懂得珍惜妳，妳首先要讓他離不開妳，讓他變成魚，妳變成水，離開妳，他的生活就將窒息。

如何讓他離不開妳，我們需要使出這些計謀，不動聲色地佔據他的生活重心。

1. 讓他感覺輕鬆

世界上沒有十全十美的人，愛情裡也沒有十全十美的戀人。甜蜜的愛情不在於找到一個完美的戀人，而是與一個相當的人去努力建立一種完美的戀愛關係。太關愛他、太討好他，會把他寵壞；但自我、太高傲，又會令他心裡懼妳三分。愛情需要適度的空氣和氧分，妳永遠是他身邊不遠不近、不離不棄的那個人。如果他打

來電話，妳會如約前往；如果他送妳鮮花，妳要誇他瀟灑；如果他想獨自待著，妳掉頭走開——但晚上會打來關切的電話。

2. 最大化發掘你們的共性

情投意合是建立在許多共同的興趣上面的，比如妳喜歡看書，他也喜歡；妳喜歡跑步，他也喜歡；妳喜歡吃魚，他也喜歡……這麼多共同的愛好，你們想不心靈相通都難。進入愛情之後，小女人要繼續發掘你們之間的共性，將這份心靈相通的感動長長久久地持續下去。

3. 也不時給他來點小驚喜

戀愛才開始3個月，卻彼此都有一種相處了3年的感覺，這並非是走進了老夫老妻的相濡以沫，反而有可能是走入了愛情的枯萎區。日子就此開始平庸下去，妳在男人的心中也漸漸由美麗公主淪落爲黃臉婆。如果妳的愛情正走向這樣的噩夢，妳要趕緊剎車，挖空心思地給愛情增添一點小驚喜，化腐朽爲神奇，重返愛情的美麗。比如，妳可以準備一頓精心的燭光晚餐，偶爾送他一個小禮物，讓浪漫、激情隨處發生，令他眼中，妳永

遠是第一次見面時的心跳。

4. 小可愛讓他更愛妳

人們常說：「女人因可愛而美麗。」可愛的小女人總是能吸引更多的優質男的目光。一如石康小說《一場糊塗》中的那個女主角，正是她的可愛讓男主角動了心。男主角原本無心結婚，但她可愛得令人心動。她會在他寫作時，像小貓一樣在後面偷襲他，還固執地把自己的東西搬進他的家，賴在床邊不走……小可愛的點滴，融化了男人的心，在她離去後，他發現沒有她的生活，其實是「一場糊塗」。

5. 討得未來婆婆的歡心

再成熟的男人在媽媽的面前也會做一個乖小孩。如果妳能討得未來婆婆的歡心，妳的愛情之路自然一路綠燈通行。只要未來婆婆對妳一臉肯定，在他面前再三誇獎妳，妳的愛情離婚姻其實已經近在咫尺。

6. 打造溫馨的二人天地

如果妳和他已經走到了一起生活的那一階段，妳要學著將妳的痕跡一點點地融進他的空間裡。他的書架上

不知不覺間多了不少妳的書，他的CD架上擺上了妳喜歡的艾薇兒，他的毛巾架上有妳的粉紅小毛巾，他的米奇刷牙杯和妳的米妮刷牙杯正好是一對……重疊如此緊密的二人世界，他又如何分得清彼此呢？

7. 做他的生活管家

妳經常聽到他在叫著：「親愛的，我的襪子去哪裡了？」「我的那件藍色襯衣呢？」「我的游泳褲呢？」「我的衝浪板呢？」只要妳一不在他身邊，他就遠離了稱心如意的生活，生活得狼狽不堪。這時，他明明白白的知道：他的小窩缺不了妳這個女主人。

8. 成為他的衣著顧問

男人都是愛面子的動物，儘管很多時候他們都對自己的外表打扮隨意得很，但是他們也希望自己能穿戴得意氣風發。這時，如果出現一個小女人，對他從頭到腳進行一番細心的裝扮，打造出一個瀟灑氣派的美男子，他的心裡已經爲妳準備了一個位置。

9. 讓他的生活斷電

「吃著碗裡的，想著鍋裡的。」這是所有單身男子

都有的一種劣根性，儘管他的身邊有了一個她，他卻還在眼巴巴守望出現一個完美的女神，還對她一往情深。妳對他所有的付出，他視若無睹，視此爲理所當然。這時，小女人要選擇暫時離開他，讓他幸福的愛情生活斷電，也給自己一個思索的機會：他真的是能呵護我一生的人嗎？那時，他會發現，他原來習慣的一切對他而言是多麼的不可或缺。等著他給妳打電話吧，說：「寶貝，回來吧，我的生活不能沒有妳！」

在愛情中施一點小心計，讓他意識到妳已經成為他不可或缺的「空氣」，他才會懂得珍惜愛情，珍惜妳。

Love

「野獸男」如何俘獲美女心

吳曉麗是一位長得漂亮且通情達理的女孩，公司上上下下都喜歡她，特別是那幾個還未找到女朋友的小夥子，更是有事無事圍著她轉。不過，精明強幹、風流倜儻的王鵬卻總是一副不屑的神情。

過了一段日子，傳出消息說吳曉麗名花有主了，男朋友竟是公司裡最不起眼的小張。看著他倆進一雙出一對的甜蜜樣子，有人不禁歎息道：「唉，真是美女與野獸的組合呀。」帥哥王鵬最為沮喪。

原來，吳曉麗剛到公司上班時王鵬就喜歡上了她，他也看出，當自己的眼睛與吳曉麗相視時，她的目光亦是亮的、溫柔的，閃動著一種妙不可言的東西。然而，當那幾個長相一般的小夥子圍著吳曉麗轉的時候，王鵬的自尊心卻在作怪，因為自己長得帥，身邊有不少女孩子「陪」著，就不願屈尊去「陪」吳曉麗，在心裡卻巴

不得吳曉麗來「陪」自己，他一直固執地認為，這麼漂亮的女孩只有自己配得上。直到發現小張獲得了吳曉麗的愛情後，才知道自己輸得很慘。

確實，在現實生活裡，不少人看見漂亮女孩找了個相貌平平的男朋友就會感到惋惜，認爲不配。然而，爲什麼這個平凡的男士能贏得如此美麗女孩的芳心呢？

你別看女孩子含羞帶笑、溫柔文靜，其實在她的心裡，早就將身邊的男孩一個個地排起了隊。一般來說，儀表當然是首當其衝的，但女孩子在青春期架子大，愛面子。如此一來，那些肯低頭、願捧女孩的小夥子在她心目中的印象分自然就提高了。特別是漂亮的女孩，假如男孩能夠以發自內心的關愛對其「侍奉」，即使男孩子相貌差些，也可能俘獲她的芳心。但是在通常情況下，儀表堂堂的小夥子就做不到這一點。由於自己長得帥，身邊不缺女孩，自視身價不低，怎麼可以屈尊哄妳？因此，即使漂亮的女孩起初也曾被其外表打動，但從長遠考慮，假如以後一輩子受這樣的「美男人」牽

制，倒不如找一個能夠呵護自己的男孩過日子。只要自己感覺幸福，別人怎麼說都無所謂。

人際交往時，有一種心理叫做「相悅作用」，意思是指在接觸的前提下，對雙方的一種瞭解和認定。很多時候，無論男人還是女人，都想從戀愛對象身上嗅到一種味道，那種味道或者乾淨清爽，或者濃郁芬芳，或者悠遠沉靜，但是都是讓自己舒服的氣味。

因此，要想兩情相悅，其實很簡單，不要妄自菲薄，或許你的身上正有對方能欣賞到的優點呢？而女人尤甚。她們總是未雨綢繆、防微杜漸，在戀愛的世界裡，她們或許要承受比男人更大的憂慮。美麗的女人固然有自己的資本，但是美麗又聰明的女人，更能看透外在屬性的變化性。她們想要幸福，第一步就是安全感的存在，而安全感的首要便是對方對自己的尊重和真誠。無論以前種種，但是她們最終還是想在一個可以真正懂得愛護和守衛自己人格的港灣中歸寂。

「野獸男」想俘獲美女的心，在尊重對方的前提下，真實的展現自我，說不定就可以抱得美人歸。

愛情隨堂測驗

Q：在異性眼裡，你受歡迎嗎？

1. 你旅行時，最想去哪個地方？

A、北京→2　B、東京→3　C、巴黎→4

2. 你是否曾在觀看感人的電影時泣不成聲？

A、是→4　B、否→3

3. 如果你的男(女)朋友約會時遲到一個小時還未出現，你會：

A、再等30分鐘→4

B、立刻離開→5

C、一直等待他(她)的出現→6

4. 你喜歡自己一個人去看電影嗎？

A、是→5　B、不→6

5. 當他(她)在第一次約會時就要求要吻你，你會……

A、拒絕→6

B、輕吻他(她)的額頭→7

C、接受並吻他(她)→8

6. 你是個有幽默感的人嗎？

A、我想是吧→7　B、大概不是→8

7. 你認為你是個稱職的領導者嗎？

A、是→9　B、不→10

8. 如果可以選擇的話，你希望自己的性別是？

A、男性→9　B、女性→10　C、無所謂→D

9. 你曾經同時擁有一個以上的男(女)朋友嗎？

A、是→B　B、不→A

10. 你認為你聰明嗎？

A、是→B　B、不→C

測驗結果：

A：你對異性有很大的吸引力！在異性的眼中，你有一種魅力。你不止有美麗的外形，而且有幽默和大方的個性。你應該是一個很有氣質的人而且深諳與人相處之道，你很懂得支配你的時間，所以你在異性之間很受

歡迎。

B：你很容易便可以吸引異性。但是你並不容易陷入愛情的陷阱。你的幽默感使得人們樂於與你相處，他(她)與你一起時非常快樂！

C：你並不能特別吸引異性，但是你仍然有一些優點，使異性喜歡跟你在一起。你應該是一個很真誠的人，而且對事物有獨特的眼光。在你的朋友眼中，你是一個很友善的人。

D：你並不吸引異性。你並沒有十分淵博的知識，也沒有什麼特別的人格特質。對異性來說，你顯得過於粗陋，所以你並不受異性的歡迎。

Understand

第四章

瞭解自己對婚姻的偏好

婚姻跟愛情不同，愛情強調的是一種感覺，相對來說不夠穩定，而婚姻強調的是一種理性，一種穩定性。婚姻需要愛情的支撐，同時也需要一種責任的束縛。

知道自己需要什麼樣的婚姻

好的婚姻是什麼？在每個人的眼裡有著不同的概念。

有一位女孩，她嫁了一個家庭背景好、工作公司理想、高大英俊的丈夫。但婚後的她並不幸福，換來的是成天的愁眉苦臉。

原來她在物質上是很滿足，每天陪伴她的卻是孤獨寂寞，因為丈夫忙於工作很少有時間陪她。她的朋友都羨慕她嫁得好，但她卻很羨慕一個嫁了教師的朋友，雖然這位朋友過得一般，但每天都可以看到他們夫婦一起的背影，聽到他們夫婦一起的笑聲，朋友的臉上總寫滿了幸福。

是的，有的人認爲嫁個有錢的男人婚姻就幸福，

有的人認爲嫁個體貼的男人幸福，有的認爲嫁個帥哥就是幸福。也就是說，每個人都有自己的「婚姻偏好」，所以我們在考慮婚姻大事時，一定要考慮嫁一個什麼樣的男人或娶一個什麼樣的女人。儘管金無足赤、人無完人，妳不可能嫁到十全十美的愛人，但一定要嫁個適合妳自己的，妳認爲哪方面重要妳就要優先考慮。妳需要一個有錢的人，妳就不要怕寂寞。妳怕寂寞，就不要羨慕別人富裕的物質生活。

所以走進婚姻之前妳最重要也是首先必須考慮的問題就是，想清楚妳要嫁個什麼樣的人？什麼樣的人才適合妳自己？

草率的婚姻，對對方一知半解的婚姻，可能給婚姻帶來很多的不便，甚至不幸。比如，婚後當妳發現對方有著妳不能忍受的缺點時，只會使妳後悔，很有可能導致婚姻的失敗，最終苦的還是妳自己。所以，如果妳還不是很瞭解一個人，妳千萬不要決定和他共度餘生，選一個妳瞭解、信任的人來嫁，妳才幸福。

女人對於婚前男人所說的話不要太過於信賴，男人

有一種天性，當他爲了要和妳在一起時，他會答應妳提出的任何條件，即使妳說要天上的月亮，他也會說我馬上摘給妳。更不要相信信誓旦旦的男人，這樣的男人最不可靠。

有個女孩，婚前登記時男友答應她婚後倆人共同做家務，絕不讓她獨攬家務。結果登記沒幾天他便成了「將軍」，「老婆成了他的奴隸」，早就把他婚前說的體貼話拋到九霄雲外了。所以對男人所說的話如果做得到的先讓他履行自己的諾言，讓他以實際行動證明他是個說到做到的老公，而不是言而無信、不負責任的人。

有個女孩嫁了個丈夫，結婚前她丈夫爲了得到她，寫情書，托朋友，並在眾朋友面前說他這女友和他是天造地設的一對，是他的最佳拍檔。

結果婚後他以如下理由說妻子和他性格不合：

一是妻子要他幫忙做些家務，他說他成長在優越的家庭裡，過慣了「衣來伸手、飯來張口」的生活，埋怨妻子不理解他。

二是妻子讓他有空時和她聊聊天，他說他是那種喜

歡「此時無聲勝有聲」的境界，抱怨妻子煩著他。

三是他工作特殊，平時已沒什麼時間陪妻子，妻子很想他有時間待在家陪陪她，誰料他說：兩情若是長久時，又豈在朝朝暮暮，他甚至還抱怨妻子盡浪費時間，尤其難以容忍的是他喝醉了睡在大街上，妻子心疼他把他扶起來，他卻說性格不合，本來他很想躺在地上，而妻子偏要扶他，直把妻子氣得說不出話來。其實這位女子的丈夫是那種只有自己需要時才需要女人的男人，她嫁了個這樣不近人情的丈夫，周圍的人也替她難過。

婚姻所維持的時間本來是日復一日地延長的，而且婚姻要影響妳大半輩子的生活，所以我們婚前一定要弄清楚自己的「婚姻偏好」，睜大眼睛，慎重挑選好妳的如意郎君。

假如婚姻一步走錯，就可能步步皆錯，而且將會給妳的一生帶來痛苦。所以一定要找個自己熟悉瞭解的人才可託付終身。和自己熟悉瞭解的人結婚，婚後的生活才能和諧相處。

不要為了逃避寂寞而結婚

「不要在我寂寞的時候說愛我」，當這首歌風靡大江南北大街小巷的時候，就知道這世上還有多少寂寞的男女了，天底下的人都在寂寞，多了也就見怪不怪了，沒必要把寂寞當成洪水猛獸。

溺水的時候，有人拋救生圈給妳，妳一定高興瘋了，管救生圈是新是舊、是美是醜，能救命就好，一股腦地撲上去，狠狠抓住。生活裡難免也有被頹喪失望淹沒的快活不下去的時候，有些年輕人習慣把愛情當做救生圈，以為抓到了愛情，就可以把自己拉出泥沼。然而，抓住愛情並不一定會讓生命變好，有時反而會越陷越深，不是有首歌還在唱嗎：「我一個人不孤單，想一個人才孤單。」

剛分手的年輕人——特別是被拋棄的年輕人，更容易失去生活的重心，甚至找不到自己。這時如果有哪個

人靠過來求愛獻殷勤，他便很容易投懷送抱了，一來找回了自信，證明自己沒那麼差，二來可以填滿那些該死的無聊時間。其實這種感情就像落水後碰上的救生圈，爲了活命而抓得很緊，等回到岸上就會把救生圈丟一邊了，結果不但傷害了救妳的那個人，自己也沒得到一段圓滿的愛情，真可謂損人不利己！

寂寞難耐的時候去酒吧可能很容易找到「寂寞相投」的人，一群人瘋狂起來能把寂寞趕跑。但酒吧裡認識的男人，就不要留電話號碼了，並不是去酒吧的人都不好，只是那裡的人都太寂寞，都只是在發洩生活的壓力。就算看似真的邂逅到真命天子了也不要太當真，地方不對，碰到的很可能是披著羊皮的狼，要知道寂寞的人都善於僞裝。

寂寞的時候，不要總想著找人來陪妳，該找的是朋友、家人甚至信仰，把自己內在的空虛填充起來，一個人也能過得開心自在。如果愛情來了，坦然接受，愛情沒來，就照樣一個人逛街、穿漂亮衣服，千萬別隨手抓個救生圈，也別傻傻地去當別人的救生圈。只有找個同

樣在陸地上尋找愛情的，感情才可能健康、長久。

蘇樂是一家大公司的上班族，一向生活得光鮮亮麗。收入不菲，想要的東西都可以自己買，下班約朋友吃個飯，晚上聽聽音樂，看看電影，做個美容，週末和朋友一起逛街、跳舞，爬爬山，生活過得多彩多滋，雖然沒有合適的男朋友，但蘇樂對目前的生活挺滿意。

不清楚從什麼時候開始，朋友們都變得忙了起來：晚上約人出來吃飯吧，人家要陪自己的男朋友或老公，週末搞個朋友聚會，姐妹們都忙著享受自己的二人世界，漸漸地蘇樂想找個一起逛街的人都困難了。剛開始，蘇樂對朋友們的「重色輕友」表示不屑：「哼，一群小女人！」可是一個人待得時間長了，蘇樂再也開心不起來了。姐妹們七嘴八舌，都勸蘇樂快快找個人嫁了吧，晚了就沒好的了。再加上父母也苦口婆心地告誡她，過了三十就成「老姑娘」了。

蘇樂可以當朋友和父母的話為耳旁風，可是她擋不住一日勝過一日的寂寞。終於蘇樂接受了一個追求了她幾個月的同事張辰，雖然並不是蘇樂理想的對象，但感

覺人挺踏實可靠的。戀愛不久，他們結婚了，蘇樂也結束了自己寂寞的單身日子。

然而，婚後甜蜜的日子沒多久，兩人的婚姻就出現了問題。張辰看不慣蘇樂「小資」的生活作風，蘇樂也不能忍受張辰的刻板乏味。最終這場短暫的婚姻草草收場，帶給兩人的都是無奈和疲憊。

就算再怎麼孤單寂寞，也千萬不能像例子裡的蘇樂把戀愛和婚姻當做擺脫寂寞的手段。沒必要因為寂寞就降低標準，隨手抓一個男人。愛情不是兩個人打發無聊時間，寂寞的時候妳只需要有人跟妳聊天，陪妳逛街，陪妳過孤孤單單的日子，而不是去愛人。因為寂寞而愛錯人，可能會寂寞一輩子。

當然，妳不能坐等寂寞把妳吞掉，該採取一些措施。有沒有試過跟自己談心？很孤獨的時候，把自己關在屋子裡，用中等的音量和自己講話，把自己的困惑、渴望和鬱悶都告訴自己，當然也可以假定一個傾訴的對象，比如妳的夢中情人，直呼他的名字傾訴，直到淚流

滿面爲止。哭過之後洗洗臉，重新生活，效果也不錯！

實在寂寞的沒辦法了？沒關係，跑到書店或商場去吧，把妳平日裡看上但一直捨不得買的東西買回來，或者買本妳喜歡的書，金錢上的損失會讓妳在精神上獲得最大的補償！如果妳真的很擔心鈔票，就在那裡看書吧，站上一天，什麼寂寞早被妳踩死了！或者就在周圍的公園散步、慢跑或騎會兒單車，都可以驅走所有的寂寞瘟疫，給妳的生活注入新的活力。

如果條件都不允許，那就找點自己感興趣的事情吧，游泳、打球、跑步、寫作、手工藝、彈琴……當妳投入在自己喜歡的事情上時，自然能忘掉一切，哪還有空閒歎寂寞難耐！

千萬別為了逃避寂寞而結婚，而應該學會化解寂寞，一個人生活也可以很精彩。

為了結婚而結婚成就不了美滿的婚姻

爲了結婚而結婚？這聽起來似乎是所有結婚理由中最讓人想不透的，那麼，什麼樣的人會爲了結婚而結婚，又是什麼原因促使他們做出結婚的選擇呢？

1.俗話說得好：「男大當婚女大當嫁。」男人女人們如果到了一定的年齡還找不對象，家長就會變得很焦慮，尤其是一些生活在觀念比較傳統的家庭裡，幾乎每天都要面臨催婚，他們的壓力可想而知。

2.還有些人草率結婚，不是外界的壓力，而是自己本身過於急切地想要穩定下來：一個人生活太難，生病了沒人照顧，情感上無人慰藉……在經歷了種種困難之後，他們渴望一分穩定的生活，所以跟對方短短相處了一段時日，覺得還可以，就結婚了。

3.有些人，他們愛過，但是跟心愛的人擦肩而過了，或者產生了誤會，或者有什麼難言之隱，但是那種

付出了很深的感情卻無法跟愛人在一起的傷痛，讓他們覺得心灰意冷。他們覺得，即使愛了也得不到幸福，所以婚姻裡愛和不愛應該是一樣的。迫於這些現實的想法和壓力，很多人草率地走進了婚姻的禮堂，開始了婚姻生活。

祝潔麗跟丈夫結婚三年了。結婚前，他們對彼此的瞭解都不多。兩人認識的時候，祝潔麗已經33歲了，她老公也快40歲了，都是受夠了家人催婚的人，彼此都對婚姻有很急切的願望，所以他們很快就結婚了。

在結婚以前，祝潔麗聽別人說她老公很孝順，沒什麼脾氣，很知道心疼人，而且工作穩定。她覺得有這些就已經夠了，自己在婚姻裡應該不會太委屈。可是，結婚以後兩個人在一起過日子，才發現事情並沒有想像中那麼簡單。她老公是一個很敏感的人，也特別愛吃醋，對她過去的男朋友的資訊都很在意，甚至連她電話裡一些男性朋友的電話都要統統清除。

在與老公結識以前，祝潔麗交往過三個男朋友。儘

管後來都分手了，但是彼此之間也沒有鬧得太僵，見了面還是會打個招呼，平時也會在一些公共的場合碰面。如果不巧她見到前幾任男友的場面被老公遇上了，他就好像捉姦在床了一樣的氣憤，甚至還威脅前任男友，讓他從自己老婆的生活裡消失。

她老公總是疑神疑鬼，一旦祝潔麗接到了男性的電話，不管對方是誰，他都會搶過電話，對著另一頭破口大罵。有一次，祝潔麗的老闆打來電話，希望她能趕往公司處理一些緊急事務，可是她老公依然沒有放過發洩的機會，把她的老闆罵了一通，害她差點失去工作。

他總害怕她出去跟別的男人勾三搭四。祝潔麗總是跟他爭吵，甚至提出了離婚。可是每到這個時候，老公又像是知道錯了一樣求她，說是因為自己太在乎她了，所以才會那樣的。雙方的父母知道了以後，也從中做了協調。可是祝潔麗總覺得自己跟老公之間隔得東西太多了，他們的婚姻註定不會太長。

因爲婚前沒有過多的瞭解，感情上也沒有相互磨

合，所以祝潔麗的婚姻生活過得很不開心，甚至可能出現離婚的悲劇。在生活中，類似的例子不在少數。年輕人在承受過多壓力的時候，希望找到一個依靠，這本身並沒有錯，錯的是對這個依靠表現得太急切，行動也過於迅速。

婚姻跟愛情不同，愛情強調的是一種感覺，相對來說不夠穩定，而婚姻強調的是一種理性，一種穩定性。婚姻需要愛情的支撐，同時也需要一種責任的束縛。但是，爲了結婚而結婚的人，在婚姻中沒有愛情作爲基礎，甚至兩個人可能都不能做到充分的瞭解。有些人在別人面前表現得很好，但是回到家裡就會變成另一番模樣。所以，有些人適合做朋友，有些人適合做愛人。

兩個人在一起生活，並不僅僅是柴米油鹽醬醋茶的瑣事，還需要精神上的交流。如果婚後連對方想什麼都不知道，那麼註定了不能很好地溝通和交流，也就不可能做到充分的理解和包容。如果精神上的交流都不能做到圓滿，那麼婚姻生活也就沒有什麼幸福可言了。

早婚和晚婚，其實只是兩種生活方式

早婚與晚婚，哪種更好呢？這是許多未婚年輕人都喜歡問的問題。但換句話說，這就等同於你問是米飯好吃，還是麵條好吃一樣。沒有哪一個絕對好過另一個，這要看哪一個更適合其本人。選擇任何一方都會有其長處和短處。

楠星和曉遙是從小一起長大的好姐妹，從小倆人一起上學放學，甚至讀大學都選擇了同一所學校，畢業後又在同一所城市找到了工作。不同的是楠星一畢業就跟大學時的男友走進了婚姻的殿堂，如今孩子都已經上幼稚園了。而曉遙還是一個瀟灑的單身貴族。

先說楠星，因為結婚早，生孩子也早，楠星現在已經從撫養孩子的勞役中解脫了出來。在之後的生活中，她能充分享受工作和個人生活的樂趣。每想到自己還要

面臨生孩子、坐月子，以及照顧嬰兒的「重任」，曉遙現在就很羨慕楠星。

但楠星雖然享受目前的生活，但覺得自己的人生也有些遺憾，比如，在花樣年華裡，她沒有談夠戀愛，也沒有與單身的朋友們成群結隊到處瘋玩的經歷。很多已婚朋友們掛在嘴邊的「自己曾經輝煌的時代」，在楠星這裡是不存在的。的確，她因為早早解決了家庭問題和經濟問題，獲得了比較穩定的婚姻生活。「但是，既然早晚都要過婚姻生活，何不趁著年輕多享受享受自由的青春歲月呢？」有時候楠星也會這麼想。

楠星和曉遙的事例正說明了早婚和晚婚是兩種生活方式的選擇，沒有絕對的好與壞。

早婚的話，女人在心理上會產生歸宿感。而早婚往往生孩子也比較早，不僅健康狀況比較好，產後恢復起來也比較快。等孩子到了進幼稚園的年齡，媽媽可以沒有後顧之憂地全力投入工作，而且因爲年輕稍加努力就可以跟上社會的發展步伐，更容易找到適合自己的工

作。

女人等到年紀稍大一些再結婚，也有很多好處。比如，女人對這個社會瞭解得多一點，在婆家就不會吃悶虧；另外，女人能把自己在社會生活中學到的經驗，用於家庭關係的調整和維繫，更好地適應和經營婚姻；最重要的是，年紀稍大一些的女人更能夠看清楚男人的真實面目，而不會看走眼嫁給一個非常差勁的男人。

女人晚婚有諸多好處，大家都很清楚這一點。但是，爲什麼女性朋友們都不敢把結婚年齡推遲到自己想結婚的那時候呢？這裡有兩個比較大的原因：第一，是因爲生育；第二，是因爲稍微好點的男人很早就被一搶而光了。

早婚與晚婚其實是兩種生活方式的選擇。如今這個時代，推出所謂的「適婚年齡段」似乎沒什麼意義了，還是需要大家都根據自身的狀況和取向來決定結婚時間。

Love

剩女是否該降低擇偶標準

《水滸傳》中，潘金蓮因為紅杏出牆，和西門慶毒害了丈夫武大郎而背上了千古罵名。這齣悲劇中，憨厚老實的武大郎是一個受害者，潘金蓮又何嘗不是呢？想想看，潘金蓮一個貌美如花的女子，嫁給五短身材的燒餅漢武大郎為妻，儘管武大郎老實本分，卻終究滿足不了妻子潘金蓮的浪漫女子情懷，他不是她心目中的白馬王子，這段婚姻也非她所願。從一開始，這段婚姻就建立在不對等的基礎上。

愛情是需要平等的。在選擇愛情伴侶時，年輕人不能因為圖一個生活安穩，就降低自己的要求。就像我們不能因為害怕噎著，就不吃飯，害怕做噩夢，就不睡覺一樣。要想獲得幸福的愛情，女人在選擇愛情伴侶時不能降低太多標準。他不用帥冠群雄，但至少也要看起來順眼；他不用唯唯諾諾，但必須尊重女方；他不用富可

敵國，但要有穩定的經濟基礎……

在武大郎和潘金蓮的婚姻悲劇中，許多人都站在武大郎這邊，他們都認爲武大郎具備一個好男人的條件：武大郎其貌不揚，不會在外拈花惹草，嫁了放心；武大郎有手藝，生活有保障，嫁了安心；武大郎老實本分，低調不張揚，不會跟周圍人鬧彆扭，嫁了舒心；武大郎特別聽老婆的話，唯命是從，更不會打罵和欺負老婆，嫁了貼心。

但在潘金蓮的愛情標準裡，武大郎是最低的標準。

1. 外形不達標準

女人認爲，愛情是婚姻的前奏，妳選的這個愛情伴侶可能就是將陪伴妳終生的人，如果妳自己都不喜歡他的外形，卻要在餘生中天天面對，這就成了一種痛苦的折磨。嫁給武大郎這樣外形不達自己標準的男人，就難免有愛情的傷痛。

2. 過分老實=懦弱

男人老實沒有錯，但過分老實，就是一種懦弱的表現了。從好的方面來看，武大郎老實本分，從壞的方面

來看，武大郎又太老實懦弱了。他不愛張揚，不主動招惹是非。可是當有人向他挑釁的時候，他也一樣唯唯諾諾，像奴才一樣卑躬屈膝。他不是老實，是自知實力不如別人，所以縮起脖子做人。他不是低調，而是膽小怕事，主動躲著是非。更可惡的是，就算別人欺負他的家人妻小，他也只會罵個兩句，既不會揮拳替家人出氣，也不會站出來挺起胸膛護著自己的家人，全然不管家人的安危。和這樣的男人在一起，怎麼會有安全感呢？

3. 不解風情

每個女人心裡都有一個浪漫的精靈，所以女人常常在愛情中做一些浪漫的行爲，以增添愛情的甜蜜感。但如果妳的對象是一個如武大郎一樣不解風情的榆木疙瘩，就算妳打扮得再漂亮，妳對他再體貼，妳花的那些小心思再精巧，妳對他的暗示再挑逗，他只會置若罔聞，毫無反應。一個女人最需要的就是被人欣賞，被人憐惜，被人疼愛。在妳如花的年紀裡，他完全不知道照顧妳的感受，讓妳像一朵野花一樣被荒置在曠野，兀自綻放，兀自搖曳卻無人賞識。這樣怎麼會讓妳不哀怨，

不自憐，不憂傷呢？

我們身邊的生活中，也有許多潘金蓮和武大郎的不對等搭配。年輕的時候，女人可能跟家人賭氣，或者向某個負心男友報復，一衝動就嫁給了一個條件遠遠不如自己的男人。或者在女人年紀越來越大，已經成爲高齡剩女的時候，也可能因爲著急想要把自己嫁出去，而匆匆忙忙不加挑選地就跟一個男人成了家。然而，這種不對等的搭配，只能造就不幸福的愛情，不幸福的婚姻，不幸福的生活。

即使妳已經成為人們眼中的「剩女」，也要守住妳選擇愛情伴侶的標準，妳才能找到妳理想中的白馬王子，而不是屈就一個武大郎情人，也就能避免發生潘金蓮和武大郎的婚姻悲劇。

Love

魚和熊掌不可兼得

每個我們都希望自己的愛情如童話般完美，然而，世事常常難兩全。如果在戀愛之前我們就正確地審視好自己的愛情觀，再坦然地接受自己的選擇，則更容易讓自己感受到幸福。

呂晨和姚靈兒是兩個同年齡的女孩，她們各有各的愛情觀——

呂晨的學歷和工作都一般，但人長得漂亮。那時，她一個人漂泊在城市裡，最大的願望就是能找個有錢的男友。呂晨說，就算對方沒有很多的錢，經濟上至少不能太差。她需要穩定、實在的物質生活。

姚靈兒性格爽朗，優秀能幹，她的愛情觀是，找一個愛自己的人，好好生活，並好好地愛他。她覺得只要兩人相愛，再大的困難也能攜手度過。

後來，她們各自按著自己的標準去選擇戀人，最終卻發現愛情仍然有很多的不如意。

呂晨結識了一個當地公務員，男孩有錢也有點小權，他看上了呂晨的漂亮。呂晨為了心裡的物質欲望以及在這個城市落腳的願望，草率地和對方結婚了。婚後，呂晨才發覺自己陷入到了另一種痛苦中，丈夫一直高高在上地俯視她，經常諷刺她，踐踏她的自尊。動不動就說：「妳有什麼本事？不就是一張漂亮的臉蛋？」

丈夫因為看不起她，極少陪她，經常把她一個人扔在家裡。不到半年，又到處拈花惹草，並背叛了她。呂晨成天以淚洗面，想離婚，可是她不知道離了將何去何從，也不知道結婚不到一年就離婚，將來是否又能找個好依靠！

姚靈兒和男友一見鍾情，戀愛一段時間，男友雖然事業平平，但對姚靈兒呵護不已，她常常為他的體貼入微而感動。可是有時姚靈兒又感到有些壓抑。看著別人的男友不但細心體貼，而且事業心強，成就非凡，她心裡便滋生出微微的失落感，她開始懷疑自己真要和一個

如此平庸的男人過一輩子嗎？這種情緒累積久了，她的感情也被消磨了不少。她腦海裡經常冒出這樣的念頭：要不要和男友分手？

「世事兩難全」這句俗話，換個諺語來說，叫「魚和熊掌不可兼得」。在愛情上也是這樣，一般情況下，我們很難得到真正完美的愛情，正如例子裡的呂晨和姚靈兒。

就像現在有些明星，總是抱怨生活不能像普通人一樣平靜，常被「狗仔隊」或是記者打擾。表面上她們渴望著平常人的樂趣，卻又放不下頭頂上的光環。其實，她們只是抱怨一下，心裡並非不明白，自己選擇了星光燦爛的大道，肯定得犧牲平常人的樂趣；如果選擇了做普通人，有自己的樂趣，就不能享受萬眾矚目、光環繞身的風光了。

愛情也是這個道理。戀愛的時候，如果妳把對方的經濟基礎作為首要選擇條件，就得忍受他的其他方面，比如他沒有時間陪妳、不懂體貼妳。妳若選擇並欣賞他

的奮鬥上進，就要學會承受他爲事業的付出而帶給妳的寂寞。妳若喜歡他的溫柔體貼，恐怕就得忍受他的「胸無大志」了。妳不能既當王妃，又要享受平民的快樂和自由。

像上文中的呂晨，如果她選擇一個體貼她的男人，也許又會成天抱怨沒有錢的苦日子如何難熬。而姚靈兒，選擇了溫柔體貼的男友，卻又爲男友不夠優秀而失落；倘若她真的選擇了一個優秀的男友，恐怕又會埋怨對方沒有時間陪自己、不體貼。只能說，每一種愛情都有自己的價値。幸福是相對的，沒有絕對。記住：最好的，不一定是最適合自己的。

所以，走進婚姻前，妳需要先問問自己，到底渴望什麼樣的愛情，到底想要哪一種幸福。選擇了「魚」就不要爲得不到「熊掌」而失落、失望。

明確自己需要的是什麼、瞭解自己的愛情觀之後，再放開胸懷去戀愛吧！幸福，就是走好自己選擇的愛情路！

條件與愛情的合理比例

李蘭玲是一位條件非常不錯的未婚女人，漂亮有氣質，在一所中學裡教書。而且李蘭玲的父母很富有，到她家提親的媒婆絡繹不絕。從上大學到進入工作，有很多的男士都曾追求她，並希望能夠把她娶回家。最後，她選擇的決賽候選人是兩個完全不同類型的男人。

其中一位是個醫生，任職於一家全國著名的醫院，前途無量，性格又好，是個找不出一點毛病的人。另外一位是個公司職員，就職於大公司，相貌俊美，為人聰明伶俐，可是，他家裡的經濟條件不太好。李蘭玲陷入了迷茫和煩惱中。雖然從感情上李蘭玲更喜歡公司職員，但是，她覺得還是選醫生做老公更好一些。

周圍人都覺得，比較現實的李蘭玲最終會選擇醫生。但是，令人驚訝的是，她最終選擇了公司職員。

在一段轟轟烈烈的戀愛之後，她和公司職員終成眷

屬。結婚至今已過數年，她很滿意自己的婚姻生活，過得非常開心。

既然條件比愛情重要，那麼為何李蘭玲最終選擇了愛情，她卻依然得到了幸福？因為李蘭玲雖然在愛情方面放了很大籌碼，但是，更重要的是，她按照現代人生活的「正確公式」經營了婚姻。

比如，當妳想跟某人結婚，妳的動機為100。其中男人的自身條件占40，愛情至少要在20以上。剩下的40就要由愛情或者自身條件來填滿它。條件占10，愛情占90的婚姻，經不起愛情變淡的危機；條件占90，愛情占10的婚姻，則讓雙方都感覺不到生活的樂趣；條件占40，愛情占20的婚姻，雖然滿足了最小限度的前提條件，但是，沒有足夠滿足任何一種理由，這樣就使雙方對婚姻失去信心。

李蘭玲選擇的婚姻，條件占30，愛情占70，處於充分必要條件都容忍的範圍內，所以她能順利開始婚姻生活。她認為，因為她真的非常愛她的老公，所以，她心

甘情願努力克服老公相對不足的條件。

我們也知道，天底下沒有一個人能完美地滿足條件和愛情這兩種要求。可是，妳必須努力尋找一個在條件和愛情之間達到平衡的人。只有這樣，妳才有可能在將來營造出更好的婚姻生活。這是非常重要的，也是妳這個當事人的權利。誰都沒有權利說妳「挑三揀四」。

要是碰見一個喜歡的人，就在心裡掂量掂量，不要有什麼負罪感。看看他的條件能不能彌補你倆稍微欠缺的愛情，或者妳和他的愛情是否能彌補他相對不足的條件。當條件與愛情的比例合適時，妳的婚姻生活才會幸福美滿。

Love

有些錯誤的擇偶觀需要擺脫

不同的人有不同的婚姻觀和擇偶心理，其中，常見的錯誤擇偶心理有以下幾種，瞭解這些將有助於你樹立正確的擇偶心態，輕鬆走向幸福美滿的婚姻生活。

錯誤一：追求外表美的擇偶心理。

現在很多人，尤其是年輕人，在找對象時總是先看相貌，希望對方漂亮點、英俊些。愛美之心人皆有之，但一味地追求外表美，則會進入擇偶誤區。因爲僅靠漂亮的外表維繫的愛情，往往是短暫和膚淺的：當歲月使容顏衰老時，愛情拿什麼來繼續呢？

外表美只能取悅一時，心靈美才能地久天長。相對於漂亮的外表，一個人的品行、才幹和經濟基礎應該是更重要的擇偶條件。因此，一味追求外在美，並以此作爲擇偶首要條件是不可取的。

錯誤二：物質至上的擇偶心理。

現在很多人不是把婚姻建立在愛情的基礎上，而是把婚姻當做一種交易，把自己的幸福和命運寄託在對方的金錢和地位上，對方的經濟狀況是他們擇偶的首要考慮因素。

在現代社會，拜金主義流行，這種擇偶心理自然比較普遍。產生這種心理的原因除了追求物質享受、滿足虛榮心外，還有一些人，特別是女性的依賴心理、從眾心理有關。但是，他們忘了建立在物質、金錢基礎上的愛情與婚姻，銅臭會淹沒感情的溫馨。當金錢失去的時候，這種關係將難以維繫。所以，有這種擇偶心理的人一定要注意反思了。

錯誤三：追求完美的擇偶心理。

擇偶時要求對方完美無缺，既要外部形象優美，又要內在素質良好；既要本人條件優越，又要家庭情況滿意。具有這種擇偶心理的，以年輕人居多。年輕人選擇對象時，往往事先制訂一系列規定，凡不符合其中一二點的，哪怕其他方面都中意，都不在考慮範圍。

這種盡善盡美的擇偶標準理論上講是好的，但現

實生活中實在難以找到如此完美的人，故易造成婚戀困難。許多未婚青年，特別是女生，即因一味追求理想模式而貽誤終身大事。

錯誤四：追求精神滿足的擇偶心理。

有人擇偶時對對方的內在素質要求較高，注重對方的事業心、思想品德、學識才幹、氣質性格等。較多年輕人，特別是文化素質較高、知識修養較好的青年男女的擇偶心理屬此型。他們重才不重財，重德不重貌，追求彼此心靈上的溝通和感情上的融合。如此獲得的愛情才是靠得住的，因爲高尚的人品、良好的素質是維繫持久而真摯的愛情和婚姻的重要基礎。但是，一味地追求精神滿足而忽視物質基礎，將會使戀人愛得坎坷。

錯誤五：遊戲擇偶心理。

有一部分年輕人，朝三暮四、尋花問柳，以愛情爲掩護去玩弄他人感情，以傷害別人爲樂趣。這種人的人生觀、戀愛觀是無恥的，傷害了別人的同時也浪費了自己的青春。

男女的擇偶心理多種多樣，以上所述不過是幾種基

本的類型。現實生活中，典型單一的擇偶心理畢竟是很少的，大多呈複合可變型，表現爲多種心理狀態交織，但以某種心理傾向爲主。

無論持有什麼樣的擇偶心理，都要牢記這樣的格言：以利交者，利盡則散；以色交者，色衰則疏；以心交者，方能永恆。

Love

排除常見的選擇偏見

對於年輕人來說，在合適的時候遇到一個合適的人，然後與他攜手一起步入婚姻的殿堂，是人生中最幸福的事。俗話說「家和萬事興」，家庭和睦了，你才會有精力專心於你的事業，但是，當感情發展到要談婚論嫁的時候，一定要排除常見的選擇偏見，謹慎地做出自己最後的決定。

年輕人的認識往往受到過去經驗、社會傳聞以及在此基礎上形成的社會心理結構的影響和干擾。選擇戀愛對象也是一樣，社會評價、他人的選擇標準、從傳聞中獲取的愛情知識和對方資訊都會嚴重影響年輕人的眼光。在不能正確對待並且不能排除干擾的情況下，許多我們就會有一些選擇偏見。

1. 社會刻板印象

在選擇對象時，有很多年輕人憑刻板印象辦事。

有人曾給一位女孩介紹對象，她一聽到對方是位中學教師，就表示不同意。她說，教師的生活單調、清苦，辦事沒有優越感。這純粹是陳舊的社會刻板印象。隨著社會文化的改變，尊重人才風氣的形成和發展，教師的角色發生了根本變化。那位被介紹的中學教師，恰恰是一位興趣廣泛、才華橫溢、頗受學生尊敬的現代青年，並不是人們所想像的「夫子」。那個女孩死抱陳腐的刻板印象不放，錯過了好姻緣。

2. 第一印象

有些年輕人可能會根據跟異性見面時，第一眼看到對方的形象和風度，或第一次與對方談話留下的印象的好壞來判斷對方。如果對方給自己的第一印象不錯，比如長相好、有氣派、有風度等，那這個人很可能成爲「候選人」；相反，如果第一印象很差，那就會馬上剎車。可是現在的很多年輕人都是不修邊幅的，如果僅憑第一印象就給對方下定義，很可能會錯過一段很好的姻緣。

3. 先入為主的印象

我們在選擇對象時，往往受先入爲主的印象的影響，尤其是透過「紅娘」牽線的戀人。因爲「紅娘」會在兩人見面之前吹噓一番，激發兩人相會。這樣，兩人各自都有了關於對方的先入爲主的印象。

有的年輕人因爲對某異性有了不好的先入印象，就不想同對方見面，或見面之後，只注意到其弱點而失去興趣；相反，有的年輕人則因爲事先有比較好的先入印象，在兩人的接觸和交往中，戴著有色眼鏡看人，只注意對方的優點和長處，而忽略其弱點和缺陷。因此，先入印象的好壞直接影響女人對男人認知、交往的可能與效果。

沒有主見的年輕人容易受先入印象的影響，因爲他們容易接受、相信社會輿論和受他人左右。有一個女人聽到朋友們經常議論一位男子。人們對他的讚賞使她對這個男子產生了愛慕之情，就貿然去求愛，並閃電式地結婚了。可是婚後她發現自己的丈夫只有在女孩子面前才表現好，在其他場合則不然，而且他懶惰、粗暴和武斷。此時，她才覺得自己上當了。因此，年輕人在選擇

對象時，一定要睜大眼睛，仔細觀察和瞭解。特別是要在與對方的直接交往中認識對方，而不能偏信人言，人云亦云。要把自己的實地考察和直接交往的體會與別人的意見相結合。

「男才女貌」是封建社會中「門當戶對」婚姻標準的一個輔助條件。在當今社會中，年輕人應該選擇志同道合、情意相投的異性為自己的終身伴侶，千萬不要讓「偏見」左右你的視線。

Love

愛情隨堂測驗

Q:妳一生會遇到幾次戀情

如果妳有男朋友了，妳覺得以下哪件事會是你們最喜歡做的事呢？

A、一起到沙灘漫步。

B、一起逛街買東西。

C、一起到咖啡廳喝下午茶。

D、一起聊天或是看電影。

測驗結果：

A：妳會遇到的戀情在兩次以下。妳是個很重情的人，也很珍惜目前雙方的感覺，所以妳不會主動背叛，若是順利美滿，這輩子可能就此相偕到老，廝守終生。只是死心眼的妳也最不能承受情人的背叛，一旦對方對不起妳，妳便有可能放縱自己，甚至可能因此輕生尋短。

讀好書品嘗人生的美味

愛情白皮書：戀愛達人的追愛祕密

U0079159